Jean Novi de Caveirac

Neue Appellation oder gerichtliche Beziehung zur gesunden Vernunft

Jean Novi de Caveirac

Neue Appellation oder gerichtliche Beziehung zur gesunden Vernunft

ISBN/EAN: 9783743468085

Hergestellt in Europa, USA, Kanada, Australien, Japan

Cover: Foto ©ninafisch / pixelio.de

Weitere Bücher finden Sie auf **www.hansebooks.com**

Neue APPELLATION
Oder
Gerichtliche Beziehung
zur
Gesunden Vernunft,

Wegen den von der Passion gegen die Jesuiten in Frankreich ausgestreuten Schmäh- und Winkelschriften.

Ecce iterum Crispinus, & est mihi sæpe vocandus
Ad partes.   Juvenal. Sat. 4.

AUGSBURG
In Verlag der Gebrüder Wagner. 1763.

Schreiben

Eines ehemal in Bretagne gewesenen Jesuiten an alle, welche sein Werk lesen werden.

Facit indignatio versum.

Ich saße eben in jener betrübten Einöde, wohin die Parlamentsurtheil mich getrieben hatten, und bate GOtt um Gedult; da eine ganz neue Scharteck unter dem Namen: nouveau Compte rendu mir zu Handen gekommen; diese hat auf einmal mir alle Gall wieder zur Ungedult aufrührisch gemacht. Ich hab sie von Anfang bis zu Ende aufmerksam durchgangen; durchgehends aber gefunden, daß der Author davon, wo er kein guter Copist gewesen, allzeit sich als einen schlechten Verfasser bewiesen habe. Das nämliche, so er hundertmal schon gemeldet, wiederholt er ohne alle Scham, und widerspricht sich in vielen Dingen selbst gegen sein eigenes Gewissen. Bey seiner Großsprecherey zeigt er in allen Stücken eine grobe Unwissenheit; eine affectirte Gemüthsmäßigung bey dem Schänden und Schmähen. Eine unter dem Schein der Wahrheit verkappte Falschheit, eine unter Menschlichkeit vollen Ausdrücken verborgene Grausamkeit, eine unter dem Deckmantel der Religion verstellte freydenkerische oder neumodische Philosophie leuchten überall hervor.

Im

Im ersten Anblick dieser Ausschweiffungen dachte ich bey mir selbsten, ist es wohl möglich, daß dieses Werk, wie es da liegt, eine respectable Magistratsperson zum Verfasser haben solle; daß bey einem Gerichtshof, dem Tempel geheiligter Justitz, ein solche Schrift habe können zum Vorschein kommen? Man siehet darinn weder jenen erhabnen Geist eines unparteyischen Richters, noch jene manierliche Redekunst, mit welcher ein General-Advocat Jolli de Fleury, den man sich jederzeit zum Muster vorstellen sollte, seinen in nämlicher Materi gemachten Vortrag zu bekleiden gewußt; da doch durchgehends die in den Provinzen gesetzte königliche Räth, welche die angenehme Manieren großer Welt zu verkosten öfters nach Paris kommen, auch die bey dasigem Gerichtshof übliche schöne Gedenkensart lernen, und mit sich nach Hauß bringen sollten. Dieser Gedanken hat mich sogleich überführt, daß diese Winkelschrift von jenem Rath, dem man sie beymessen will, nicht seyn könne; ich sagte auch, es muß nothwendiger Weiß ein Irrthum in dem Titel vorgangen seye; ein einziger Buchstaben ist oft genug einen Namen zu verfälschen: der berühmte Doster ist mehr als einmal auf solche Art betrogen worden.

Dieser zweyte ohne alle Arglist gemachte, und auf andere, denen wackern Armorier meinen Landsleuten bekannte, Muthmassungen gegründete Gedanken hat mich bewogen diesem Verfasser, er mag seyn wer er will, zu antworten. Ich hab sogleich meine etwas spitziger zugeschnittene Feder angesetzt ohne recht zu überlegen, daß die Zeit zu kurz, ich auch mit Bücher nicht versehen wäre. Zu allem Glück sind die benachbarte Pfarrer meine gute Freund; diese haben mir soviel Casuisten zugeschickt, daß ich mich sogleich mit den Werken Hurtadi, Suarez, Sanchez, Toleti, Antoine und anderer auf einmal umzingelt gesehen. Indessen, wann man mehr als vier hundert untreue und falsche Stellen zu critisiren hat, langt man mit all diesem nicht weit: ich bin also nur gesinnt diese

diese Arbeit anzufangen, andere können sie nachgehends vollständiger ausführen; ist folglich in dieser Sach wiederum noch nicht alles gesagt.

Ich erinnere mich auch, daß ich den gegenseitigen Verfasser, auf den mir gemachten Vorwurf, daß die Jesuiten vor 159 Jahren ihre Zuflucht bey dem Schutz eines de la Varenne genommen hätten, noch eine Antwort schuldig geblieben seye; wann er, meine Herren, solches zur Ahndung wiederholen sollte, so belieben sie ihm zu meiner Entschuldigung zu melden, daß die Jesuiten gar wohl sich an einen bey seinem König in Credit stehenden Herren hätten wenden können, da ein Provinz-Parlamentist einer berüchtigten Le Couvreur seine Aufwartung zu machen, um ihre letzte Seufzer zu empfangen kein Bedenken getragen.

Ich harre mit vieler Hochachtung und vorläufiger Danknehmigkeit

Meine Herren

Aus meiner Einöde den 13ten Tag nach
der zu Paris bekannt gemachten zwoyten Compte rendu.

Dero gehorsamster
Diener.

Duplic

Duplic oder zweyte Schrift
In Appellations-Sachen
An das Urtheil der Vernunft
Contra
Die von der Passion gegen die Jesuiten in Frankreich verbreitete Schmäh- und Winkelschriften.

Das Ansehen und Macht gesunder Vernunft ist bey den Franzosen noch nicht völlig erloschen, indem sie recht vieles Vergnügen darüber geäussert, daß ich diesen Handel vor ihren Richterstuhl gezogen habe; ich mache mir diesen günstigen Augenblick zu Nutzen, und werde vor solchem, wann ich anderst den uns angedrohten Untergang nicht mehr abwenden kann, wenigstens allen Hohn und Spott, welchen unsere Gegner und Feinde uns zugedacht, auf sie selbst abzulehnen mich befleissen. Wir stehen auf der Neige unter dem Gewicht der Parlamentsurthelen zu unterliegen, ohne daß man uns auch nur die geringste Hofnung liesse uns vertheidigen zu dörfen; bleibt uns also nichts mehr übrig als unsere Ehr, welche wir wenigstens zu retten schuldig sind; ich werde sie suchen zu schützen mit aller Bescheidenheit und aufrichtiger Schreibart. Will das Schicksal, daß wir sollen zu grund gehen; so soll dieser letzte Seufzer der Societät in Frankreich den Franzosen wenigstens zur kräftigen Lection ächter und bescheidener Gemüthsmäßigung zu guter Letzt noch dienen.

Factum.

Das Recht einen Ordensstand in seine Staaten aufnehmen, oder davon abhalten zu können, hat noch niemand einem Landsherrn strittig gemacht; ist aber ein solcher Orden auf gesätzmäßige Art in dem Reich einmal auf- und angenommen, durch rechtmäßigen Besitz und gnugsame Verjährung darinn festgesetzt; so ist eben so wenig erlaubt aus Willkühr oder unter dem Schein eines eingebildeten Mißbrauchs ihn seines Rechts

zu

zu entsetzen, als wenig es erlaubt ist einen Unterthanen von seinen eigenthumlichen Gütern zu vertringen. Jene, welche den Jesuiten den Untergang geschworen, erkennen die Wahrheit dieses Grundsatzes, und da sie den Eindruck, welchen er bey ehrliebenden Gemüthern haben kann, voraus sehen; förchten sie nicht wenig, er möchte zu unserm Trost und ihrer Beschämung zu tiefe Wurzel fassen, wann sie nicht alle Gottlosigkeiten uns andichteten, welche die gegen uns noch menschlich gesinnte Herzen irr machen, ihr Verfahren aber bey guten Leuten beschönen könnten. In Gefolg dessen mußten sie also uns als Leut angeben, welche göttlich- und menschliche Gesätz unter über sich kehrten, damit sie nicht selbst als solche Böswicht möchten angesehen werden; sie mußten uns eine gottlose Ordensverfassung andichten, welche nirgends, als in der hirnlosen Einbildung jener Feinden, welche sie ausgebrütet, anzutreffen wäre; sie mußten uns lasterhafte Absichten anschwärzen, welche sie hegen, wir aber verabscheuen. Menschen mußten sie aus uns machen, welche ein ungemessene Geldbegierd mit freywilliger Entschlagung alles Eigenthums vereinbarten; Franzosen, welche ausländische Grundsätz liebten, und die sonst allen Menschen angebohrne Neigung zu den Gesätzen des Vaterlands beyseit setzen; Unterthanen, welche unter den äusserlichen Zeichen größter Lieb und Ehrbezeugung einen innerlichen Haß gegen ihren Landesherrn verborgen hielten; Christen, welche ehrsüchtige Begierden mit der Verläugnung seiner selbst zusammen paarten; Schriftsteller, so alle Augenblick abänderliche, zugleich aber allzeit beständige Lehren führten; Geistliche, welche eingebildete Reichthum mit wirklicher Armut; eine gelinde Sittenlehr für andere, mit einer strengen für sich; höllenmäßige Anschläg mit apostolischen Verzichtungen vergesellschafteten; Priester, welche gegen ihre Bischöf allzeit rebellisch und zugleich gehorsam; Catholische, welche dem päpstlichen Stuhl gar zu ergeben, und gegen seine Befehl zu widerspenstig; zu eifrig für die Kirch, und ihren Entscheidungen zu ungehorsam wären. Sie mußten mit dem nämlichen Federzug die Jesuiten in Frankreich als eigensinnige Glaubenseiferer, in China als gleichgiltige Toleranten, in Malabarien als Abgötterer, in Japon als Marterer abmahlen; sie mußten mit einem Wort Dagon und die Arch zusammen stellen.

Man sollte schier glauben, daß jene, so dergleichen abentheurlichen Mischmasch von Laster und Tugenden der Societät aufbürden, das menschliche Herz nicht recht kennen müssen; dann wer wird wohl ohne sehr wichtige Ursach sich selbst sacrificiren, sich selbst als ein Sclav andern unterwürfig machen, arm und boßhaft werden wollen, nur damit er die Freud habe, es zu seyn? Nein! sie kennten nur zu viel die in dergleichen Umständen sich äussernde Schwachheit menschlicher Neigungen, allein die

die Passion ließe ihnen nicht zu, dießfalls aufrichtig und mit guter Treue und Glauben zu Werk zu gehen; sie wußten den Unfug ihrer Verfolgungsart und ihrer sich widersprechender Vorwürf; sie sahen aber auch die Nothwendigkeit um die Jesuiten auf alle nur mögliche Art zu b stürmen, den Pöbel mit falschem Blendwerk zu betäuben, damit sie ihn gegen sie aufhetzten. Meinetwegen können sie sich selbst mit ihren Betrügereyen unterhalten solang sie wollen; wann ich nur dieses bewirke, daß andere diese ihre Boßheit und Betrug erkennen, so werde ich vergnügt seyn, und erlangen den Zweck gegenwärtiger Schutzschrift.

Solchen auf eine Art zu erreichen, daß der Vernunft nichts weiter, als die Rückkehr derjenigen, welche aus Unverstand von ihr abgewichen, zu wünschen übrig bleibe; will ich die letzte Schriften, welche ganz neuerlich zum Vorschein gekommen, untersuchen. Zwischen Schmähschriften und zwischen andern ohne Nam gedruckten Scharteken mache ich einen Unterschied; wie ich dann auch von diesen jene mit dem respectalen Nam eines Gerichtshofs prangende Schrift zu unterscheiden weiß. Die erstere werde ich also hier nur obenhin als Nebending berühren, dann mehr Achtung oder Ehr verdienen sie nicht; die letztere werde ich mit einer so gemäßigten Durchforschung beleuchten, wie es der Nam, den sie führet, erfodert; was aber jenen betrifft, der weder das Herz hat sich recht öffentlich zu zeigen, noch Witz genug sich ganz und gar zu verbergen, glaube ich keineswegs, daß seine Schrift das Werk eines Parlamentisten seye, alles stärkt mich in dieser meiner Meynung; dann ich mag es betrachten, wie ich will, so finde ich nirgends den Caracter einer Magistratsperson.

Ein Parlamentist gründet sich auf die Gesätz; dieser führet kein einziges an; er weiß von nichts als Gerichts-Citationen, Aufschubs-Termin, Paritions-Leistungen und andern dergleichen allen unstudirten Husfiers bekannten Weibsprüchen. Ein Parlamentist treibt auf die Beobachtung der Verordnungen, dieser lehrt sie durch seine verbottene winkelhafte Aufführung verachten: ein Parlamentist soll der wahre Vormund aller Minorennen und als minderjährig geachteten Ständen seyn, dieser unterdruckt sie; er fodert den General der Societät vor Gericht, und seine Untergebene ziehet er wegen seinem Stillschweigen zur Verantwortung; ein Parlamentist bedient sich gehöriger Rechtsmittel, mißbraucht sie aber nicht; nun ein solches Mittel, auf den Grund der Wahrheit einer Sach zu kommen, ist, daß man die Klagpuncten den Richtern vorlege, die rationes pro und contra unparteyisch anführe, untersuche, und aus einander setze; wir werden aber gleich sehen, wie unverschämt der gegnerische Schriftsteller diese wesentliche Pflicht ausser Augen lasse. Ein Parlamentist weiß nichts weder vom Ansehen der Personen, noch von einiger Forcht

noch

noch flüchtigen Absprung; dieser, da er ohne Nam des Buchdruckers sein Werk in die Welt geschickt, hat sich ganz künstlich eines Mittels verversichert, selbiges als seine Arbeit abzulaugnen, wann die aus dessen genauerer Untersuchung auf ihn als den Verfasser fallende Schand, zu so niederträchtiger Ausflucht ihn zwingen sollte; als wohin ich ihn zu nöthigen gedenke.

Indessen will ich nicht hoffen, daß er mir meine ohne Nam gedruckte Schrift vorwerfen, diese Verheelung zur Unwissenheit oder Politick, wie er pag. 6 sagt, ferner ausdeuten werde. Wann man die Irrthümer seines Gegentheils ordentlich zu entdecken weiß; sich nicht förchtet, ihn durch Verdemüthigungen aufzuhetzen, so ist man weder ein Ignorant noch ein Politicus. Hätte ich übrigens das Glück, daß ich mich frey, wie er, dörfte sehen lassen, wurde ich im geringsten kein Bedenken tragen, ihn offentlich anzugreiffen; allein die Verfolgung haltet mich und noch mehrere Wahrheitsfreund verborgen, welche sich aber vor eingebildete Abentheur nicht förchten, solang sie die Vernunft zum Schutz haben.

Die Lieb und Erkänntlichkeit, so wir einem Publico schuldig sind, welches, weilen wir unsern Handel an einen Gerichtshof, von welchem allein wir hoffen konnten gehört zu werden, anhängig gemacht; sein sonderbares Vergnügen hat bezeugen wollen; haben mich bewogen keine andere Gerichtbarkeit dermalen wieder anzustehen, als eben jene der gesunden Vernunft. Diese soll allzeit mein Richter seyn, und über die Gültigkeit und Werth meiner Verantwortung das Urtheil sprechen. Dieser will ich eine zweyte nicht aus Unwissenheit sondern aus Politick ohne Nam des Buchdruckers ausgegangene Winkelschrift zur Beurtheilung vorlegen, und zugleich zur Ueberweisung darthun,
daß ihr Verfasser nicht halte, was er verspricht;
nicht probire, was er aufwirft;
nicht verstehe, was er abhandelt;
nicht beantworte, was man ihm einwendet;
daß er unbesonnen seye in Anführung der citirten Stellen,
mangelhaft in seiner Rechnung,
untreu in seinen Citationen,
frech in seiner Herausforderung.

Und dieses wird der Entwurf gegenwärtiger Schutzschrift seyn.

§. I.
Der Verfasser, er mag seyn wer er will, haltet nicht, was er verspricht.

Der berühmte Socrates fienge eine seiner Reden mit einem auf die zu erprobende Sach so unschicklichen periodo an, daß er deswegen dem ganzen Griechenland zum Gelächter geworden, auch von selbiger Zeit an offentlich zu peroriren sich jederzeit gescheuet hat. Unser klein brittannischer Parlamentssprecher wird mit diesem atheniensischen Redner vermuthlich das nämliche Schicksal haben, weilen er mit ihm den nämlichen Weg eingeschlagen. Dann in der That wie schickt sich wohl das der Societät beygelegte Lob im Anfang einer Rede, welche er zu Beschimpfung der Jesuiten gewidmet? Meynet er wohl diese Patres werden sich von seinen gezwungnen und affectirten Lobserhebungen, welche er eben so geschwind widerruft als ausspricht, so leicht blenden lassen? Dieser Mensch, welcher nur gebohren zu seyn scheinet, die Zahl zu vergrößern, stellet die anfangende Societät vor als einen Pfeiler der Kirchen, als eine Brustwehr des Glaubens; er sagt p. 7, daß sie in einem Jahrhundert zum Vorschein gekommen, [„wo die Kirch von innen und außen durch mächtige „ Feind, und rebellische Kinder zerüttet gewesen"]. Er breitet die Jesuiten sogleich in alle Welt aus, und legt ihnen den Ruhm bey, daß sie anfangs da den wankenden Glauben in einigen Ländern wieder aufgerichtet; dort verführte Christen in großer Zahl in den Schooß der Kirchen glücklich zurückgeführt; an allen Orten die einreissende Secten tapfer gehemmt und eingehalten hätten; allein, als wann ihn dieses zum Lob der Societät abgezwungene Zeugniß der Wahrheit schon wieder reuete, stoßt er es eben so gleich wieder um, da er zwischen dem Zeitpunct, wo nach seiner eignen Eingeständniß die Societet der Kirch so großen Nutzen geschaft; und jenem, wo sie ihr so schädlich soll geworden seyn, schier gar keinen Unterschied weiß; und beyde gar auf den nämlichen Augenblick ohne allen Zwischenraum zusammen kuppelt.

Der H. Ignatius hat den Entwurf von seiner Gesellschaft gemacht A. 1534, und A. 1540 ist sie zum erstenmal bestättiget worden; dazumal ware sie noch sehr kurz beysammen, also zwar, daß unter Paulo III die ganze Societät nur aus 60 Professen bestanden. A. 1543 hat dieser Papst, welcher die künftige Nutzbarkeit der Jesuiten aus ihren damals der Kirch geleisteten Diensten beurtheilte, ihnen erlaubt, soviel Professen als sie wollten, anzunehmen. Diese Aenderung wann man sie also nennen darf, als welche nichts anders als die Wirkung einer zum Vortheil

der

der Kirch besser erkannten Nutzbarkeit ware, hat deswegen auf einmal sogleich ihre Zahl nicht vergrößert. Die Jesuiten waren also dazumal nur ein Hand-voll Leut, welche mehr begierig als fähig waren die ganze Welt mit ihrem Eifer anzufüllen.

Der gegenseitige Schriftsteller, welcher nicht soviel Gedult hat, die den Jesuiten zwey ganze Jahrhundert hindurch aufgedichtete ehrenrührische Verleumdungen ordentlich herzuzehlen, nimmt alles zusammen; er verdoppelt riesenmäßig ihre Schritt, und unternommene Reisen, er vergrößert in aller Geschwindigkeit ihren Hauffen unendlich, er setzet schier keinen Zwischenraum unter den ersten Zeiten, wo er gezwungener Weiß sie als berzhafte und gelehrte Männer angerühmt, und unter jenen, wo er sie zu unruhigen und ehrsüchtigen Leuten macht, welche geschickt wären verworrene Händel und Geschäft einzufädlen, gelind in Regierung der Gewissen, erfahren in den freyen Künsten; welche als Aerzt, Sternngucker, und Sprachmeister, und was dergleichen schöne Aemter mehr sind, sich gebrauchen liessen. Ein paar Menschen, welche kaum angefangen unter dem Fahnen JEsu Christi sich zu versammlen, werden nachgehends unter den Händen dieses Verfassers auf einmal eine unendlich zahlreiche in alle Welt gleich ausgebreitete Republick. Jener Held in der Fabel hat aus denen ins Feld ausgesäeten Drachen-Zähn nicht so geschwind und häuffig seine auf allerhand Art bewafnete Armée erwachsen gesehen, als dieser irrende Ritter die Jesuiten aufgerichtet, vermehrt, und in alle Welt ausgetheilt hat. Laßt uns nichts als die Zeit, zu welcher jede Sach nach Rechnung dieses Verfassers selbst soll geschehen seyn, einsehen; und wir werden seine Absichten, warum er alles so nahe zusammen gepackt, leicht errathen.

Von der Ausfertigung der Bull Pauli III bis auf den seligen Hintritt Ignatii sind nur 12 Jahr verstrichen; innerhalb dieser Zeit, wann man unserm Brittagner glauben darf pag. 7, [,, haben die Jesuiten ih-
,, re Missionen schon in Americam, Chinam, Abyssinien, Japonien und
,, Indien ausgebreitet gehabt; sie haben in dieser Zeit wesentliche Dien-
,, sten den Monarchen geleistet, sonderbar aber Spanien und Portugall,
,, welchen sie in den entlegensten Eylanden ihre Eroberungen theils erhal-
,, ten, theils vermehrt; da sie eben so viele Unterthanen als neue Christen
,, diesen Königen zugeführt. Sie sollten endlich in diesen 12 Jahren
,, durch den Schutz der Päpsten (deren Gerechtsame sie mit größtem Ei-
,, fer befördern sollen), es so weit gebracht haben, daß sie sich in die mei-
,, ste große Höf einzuschleichen, und die Dominicaner, welche von undenk-
,, lichen Jahren her Beichtväter der Königen gewesen, auf einmal von
,, diesem Amt zu verdringen, sich davor einzuschieb Gelegenheit gefunden "].

Wann

Wann ich alle Fehler und chronologische Irrungen, welche in dieser affectirten Belobung der Jesuiten Geschicklichkeit, Arbeiten, und geleisteten Diensten verborgen sind, entwickeln wollte; würde ich kein End finden; ich will also nur ein oder den andern Irrthum berühren, diese sind schon genug die Untreue und Unwissenheit des Verfassers kennen zu lernen.

Nach seiner Meynung sollen die Dominicaner von den Jesuiten in dem Amt königlicher Beichtväter ausgestochen worden seyn. Verstehet er solches von Spanien und den Beichtvätern deren aus dem Hauß Oesterreich allda gewesenen Königen; so irrt er gewaltig, und die Prediger-herzen sprechen für uns selbst das Urtheil; beyde Welttheil erschallen noch von ihrer Klag, da Philippus V aus dem Hauß Bourbon einen Jesuiten als Beichtvater beruffen hat; sie protestirten gegen diese Neuigkeit, legten ein ganz Verzeichniß mehrern Dominicaner vor, welche lang zuvor, ehe diese Monarchie durch die Erben Ferdinandi und Isabellä an das Hauß Oesterreich gekommen, solches Ehrenamt bekleidet hätten. Nun aber zehlen wir von Carolo V an bis auf Philippum V. sechs König aus diesem Hauß; so ist dann falsch, daß die Jesuiten anstatt der Dominicaner so geschwind und gleich anfangs sich in die Stell der königlichen Beichtväter in Spanien eingeschlichen haben. Eben so falsch ist, daß sie dieselbigen in Frankreich solle verdrungen haben; das erstemal, so man die Jesuiten zu dergleichen Verrichtung nach Hof beruffen, ware unter Henrico IV; da doch die Dominicaner schon unter Carolo VI von solchem vortheilhaften Amt, wann man es also nennen darf, abgeschaft waren; weilen sie der glorreichen Mutter des HErrn den herzlichen Vorzug unbefleckter Empfängniß damal abzusprechen sich in Kopf gesetzt; nun aber zehlt man zwischen Carolo VI und Henrico IV zehen König, und eine Zeitrechnung von 160 Jahren, welche alle unser brittanische Chronologist überhupft, nur damit er unvermerkt die Jesuiten als unmittelbare Nachfolger der Dominicaner heraus bringen möchte, ehe sie noch auf der Welt waren.

Der letzte König von dem valesischen Stammen hat zwar einen Jesuiten zum Beichtvater auf einige Zeit gehabt, aber schier eben so gleich wieder entlassen nicht zu geringem Schaden Frankreichs; dann hätte Edmundus Augerius das Gewissen Henrici III zu regieren fortgefahren; so hätte das Reich weniger Unheil zu beklagen, die Societät mehr Undankbarkeit ihm vorzurupfen gehabt. Das widrige Schicksal Frankreichs wollte, daß die Liguisten dazumal diesen Jesuiten von Hof zu schaffen Mittel gefunden, als welchen sie nicht ohne Grund in Verdacht hatten, daß er den König von jenen schädlichen und gewaltsamen Thätlichkeiten, welche sie ihm stets anratheten, abzuhalten suchte.

Wann unser Parlamentsredner den Jesuiten hätte wollen das Lob sprechen

sprechen, hätte er billig diesen Umstand anführen sollen; er stehet verzeichnet in einer Bittschrift, welche P. Barny dem Parlament von Paris 1594 vorgelegt. Niemand hat sich dazumal getraut diese That, als welche ganz bekannt und frisch ware, zu wiedersprechen, warum will man dann heut erst daran zweiflen? warum hat der angebliche Beschützer der Unschuld solche anecdote verbuscht? Allein seine Absicht ist niemal gewesen die Jesuiten unschuldig zu finden; umsonst giebt er sich also für ihren Beschützer aus, als welche gar keinen haben. Kraft seines Amts wäre er zwar dazu verbunden; aber eine ganz andere Ursach, welche bey ihm viel gewichtiger, als seine Amtspflicht ist, macht, daß er an seine Schuldigkeit nicht gedenkt. Er giebt sich in seiner Schrift aus als eine Person, welche alle Gesätz natürlicher Billigkeit erfüllen wird; er verspricht aus den Schriften der Jesuiten zu erweisen alles, was nur zur wahren Erkänntniß ihres Handels etwas beytragen kann; er macht Hoffnung alles beyzubringen, was zu vollständiger ihrer Vertheidigung nöthig ist; was hat er all dieses Geschwätz vonnöthen, wann er das Gegentheil denkt? Will er vielleicht der Menschlichkeit dadurch nur spotten, oder gar die Gerechtigkeit übertumlen, daß sie ihn als einen unparteyischen und gerechten Bidermann ansehen soll? Und was haben endlich etliche Zeilen Lobs, so er der Societät giebt, zu bedeuten; wann er sie mit ganzen Blättern alter mit Fleiß unwiderlegt gelassener Lästerungen verschwärzt? Nein! man darf sich auf alle seine Lobserhebungen gar keine Rechnung machen; die offenbare Thaten, das Zeugniß einiger Jahrhundert, die Stimm der ganzen Welt haben sie ihm nur auf eine Zeitlang abgenöthiget.

Man sieht es genug an der Manier, mit welcher er sie zu verringern sucht, indem er wieder aufwärmt alle alte längst abgenutzte, ohne Grund und Prob den Jesuiten ehmalen gemacht: Beschuldigungen und Klagpuncten, und wieder rege macht alle von Ketzern je erfundene Lästerungen, die von einem galsüchtigen Arnauld ausgesprengte Lügen, die von einem Spötter Pascal aufgeworfene Fabelpossen; indem er in Verfertigung seiner spöttischen Schmierereyen, die unreineste Scharteken zu Rath gezogen, welche er kraft seines tragenden Amts, wann er anderst ein Parla-

„ lich seyn kann; überall stecken sie die Mordfackel der Aufruhr und Em-
„ pörung an; verbinden und verschwören sich gegen die König; welches
„ dann ihnen auch so unzahlbare Privilegien eingetragen, welche aber die
„ Gerechtsame aller Nationen beeinträchtigen, und die gekrönte Häupter
„ selbst angreiffen. Die Jesuiten haben durch die von ihnen angerathe-
„ ne Testamenter, Vermächtnißen, und Schankungen unendliche Schätz
„ und Reichthum zusammen gescharrt; sich ihres bey den Fürsten haben-
„ den Ansehens bedient andere sowohl Welt- als Ordensgeistliche von ih-
„ ren Gütern und Stiftungen zu verdringen "].

So klingen die Klagwort unsers brittischen Parlamentssprecher, welche er aus der gerichtlichen Proceßschrift eines Arnauld und einigen neue-
ren Scharteken als ein wackerer Copist zusammen geschmiert, und dermalen [„ als gesätzmäßige Vorurtheil "] gegen die Jesuiten der Welt ver-
kauffen will. Sie müssen einen recht großen Eindruck bey ihm gemacht
haben; dann den nämlichen Augenblick, wo er bekennt, daß seine Amtspflicht sie zu widerlegen erfoderte, stammelt er kaum ein paar leere Wort
daher solche Klagpuncten zu vereiteln. Ich will dann anstatt seiner diese
Pflicht, welche er so schlechterdings aus dem Gesicht läßt, erfüllen; und
weilen, wie er selbst sagt, das Publicum nur auf eine Folge [„ beständi-
„ ger, vielfältiger und weltkündiger Thaten zehlen kann "], so will ich
zur Widerlegung so ehrenrührischer Beschuldigungen dergleichen genug anführen.

Der H. Xaverius, wie bekannt, hat Indien und Japon dem Evangelio unterwürfig gemacht; hat er aber jemal sich der gewaltsamen Manieren einer Inquisition dazu bedient? Hat er in seinen Predigen auf förchterliche Zwangsmittel angetragen, oder eine gar zu gelinde Sittenlehr
angerathen?

Nunnez und Oviedo jene Seeleneiferer in Africa, haben sie wohl
bey ihrem Eintritt in Aethiopien die Beamte des heiligen Glaubensge-
richt vorangeschickt? Haben wohl unsere Voreltern gesehen, oder wir
selbst auch jemal gehört, daß ein H. Franciscus Regis die Inquisition in
Languedoc, ein Maunoir oder Huby in Bretagne eingeführt haben?

Diesen [„ vielfältigen, beständigen und weltkündigen "] Thaten füge ich bey die Eingeständniß eines Manns, welcher weder die Inquisition
noch Phantasterey liebte? allein welcher scharfsinnig genug ware die Jesuiten zu kennen, auch aufrichtig genug sie zu loben. Es ist solcher der berühmte Monteskuieu, dessen Zeugniß dermalen unserm Parlamentssprecher mißfallen kann; ohne daß er sein Ansehen als verdächtig zu halten sich
getrauen dörfte; indem er dessen Grundreglen selbst mehrmalen, wiewohl
ganz ungeschickt, abgeschrieben hat. Dieser Author spricht nun also von
ben

den Missionen in Paraquarien in seinem Esprit de Loix l. 4, c. 6, [„ man „ hat all dieses der Societät wollen übel ausdeuten, daß sie die Freud „ also zu regieren, als das einzige Vergnügen dieses Lebens angesehen; „ allein auf solche Art regieren, wodurch man die Menschen glückselig „ macht, ist allzeit gut und löblich; und dießfalls hat die Societät Ehre „ genug davon; ist auch allzeit glorreich für sie, daß sie zu erst jenen wil- „ den Evildaern die Menschlichkeit und Religion beygebracht; durch „ Verbesserung deren von den Spaniern verursachten Uebeln hat sie ei- „ ne der grössten Wunden, so je dem menschlichen Geschlecht v.rsetzt „ worden, zu heylen angefangen. Ihre erhabene und ehrliebende Ge- „ sinnungen, ihr unermüdeter Religionseifer haben sie grosse Ding zu „ unterfangen bewogen; sie hat auch in allem glücklich durchgedrungen; „ hie und her zerstreute Völker hat sie aus den Wildnissen herausgezogen, „ mit nöthigem Lebensunterhalt versehen, ihre Blösse mit Kleidern be- „ deckt; und sollte sie auch weiters nichts bey diesen Menschen gethan, „ als sie nur zur Haußhaltung und Arbeit angewöhnt haben, so hätte „ sie allzeit viel gethan "]. Dieses sind nun jene Jesuiten, welche mit Feur und Schwerd in der Hand das Evangelium predigen sollen! Ich gedenke aber hierdurch, da ich solches unserm Gegner keineswegs verdäch- tig seyn könnende Zeugniß anführe, auf keine Art zu billigen die sonstige Ausschweiffungen dieses Philosophen; meine Absicht ist nur den Jünger durch seinen eignen Lehrmeister zu schanden zu machen, und das Publi- cum zu warnen, daß es seinen Worten nicht trauen soll.

Jene, so besser belehrt, oder es zu seyn wünschen, werden ihm eben so wenig glauben, da er die Jesuiten als Rädelsführer aller Aufruhren auszugeben sucht. Dann verstehet er solches von den in Frankreich wäh- render Ligue entstandenen Empörungen, so versichert uns der Geschicht- schreiber Matthieu, [„ daß die Prediger von der Societät dazumal viel „ ordentlicher, sittsamer, ernsthafter, und bescheidener als alle andere „ in ihrem Predigen gewesen"]; und Carolus IX hat zuvor schon die Häuser der Jesuiten als eben so viele Festungen angesehen, welche den Empörungen von innen und dem Mißgunst von aussen sich zu widersetzen tauglich wären. Verstehet er es aber von Portugall, so hat man in bey- den allda sich geäusserten Regierungsänderungen niemand gehorsamer ge- gen ihrem Landesherren gefunden, als eben die Jesuiten; und der Tod des Malagrida wird in den Augen vernünftiger Leut allzeit bleiben ein neuer Beweiß ihrer unverfälschten Treue.

Daß wir in Teutschland gegen das Hauß Oesterreich Aufruhr sollten erweckt haben, wird er hoffentlich nicht sagen; sonst müßte er Lügen be- kraffen unsere alte Feind seine Landsgenossene und Voreltern, welche er doch in allem abcopirt; diese wußten ehemalen nichts schimpflichers uns vorzuwerfen, als daß sie uns als [„öfterreichisch gesinnte"] ausgeschryen. Wir sind und waren allzeit was wir seyn sollen, nämlich gehorsam, getreu, mit Lieb und Ehrforcht beygethan, den Landesherren, unter welchen uns GOtt hat lassen gebohren werden; wir sind ein jeder nach seinem Land, Oesterreicher in Oesterreich, Franzosen in Frankreich, Spanier in Spanien, Italiener in Italien, Römer in Rom; kein Landesherr wird mit Rechten ein mehrers von uns als Unterthanen begehren wollen; als Christen aber thun wir mehr, indem wir im geringsten nicht murren oder uns beschweren gegen unsere Mitburger, welche mit Verleumdungen uns überhäuffen, indem wir uns nicht beklagen gegen diejenigen, welche, nachdem wir sie zur GOttesforcht aufferzogen, in der Tugend unterrichtet, in den Wissenschaften unterwiesen; jetzt selbst unsrer Güter und Stands uns zu berauben trachten. Wir werden verfolgt, und wir betten; man redet uns übel nach, und wir benedeyen; und sollten wir endlich auch noch gezwungen werden unser liebes Vaterland mit dem Rucken anzusehen, so werden wir über uns weinen, für sein Wohl aber ewig GOtt bitten.

Der bey den Jesuiten eben so tief, wie bey andern Menschen, eingewurzelte Eifer für das Vaterland, hat ihnen die herzlichste Aeußerungen auenehmender Gnadenbezeugungen zugezogen bey einem Kaiser, dessen Staaten sie ehemal, wie man der Welt heutiges Tags weiß machen will, sollen aufrührisch gemacht haben; dieser große Monarch sagte zu dem Erzherzog seinem Sohn: Illam (*Societatem JESU*) tibi etiam atque etiam commendo. Protegas illam non minus contra hostes apertos, quam contra fictos amicos; decursu temporis deprehendes multos in eum ordinem amorem jactare, qui non amant, & tamen deberent. *Lamormaini* Virtutes Ferdinandi II pag 231, [„ich will dir auf die beste
„möglichste Art empfohlen haben die Gesellschaft JEsu; schütze sie allzeit
„nicht allein gegen ihre offentliche Feind, sondern auch gegen ihre falsche
„und verstellte Freund; mit der Zeit wirst du finden, daß viele mit einer
„gegen sie tragenden Freundschaft sich rühmen, und sie dannoch, wie
„sie sollten, nicht lieben "].

Dieser nämliche Kaiser hat ein noch herzlichers Zeugniß von seiner gegen die Societät hegenden Werthschätzung hinterlassen, da er in seinem Testament folgendes mit einfliessen lassen: Ante omnia serio singularique ex zelo ipsis commendamus pervenerabilem Societatem JESU ejusque Patres, vel ob id maxime, quod illi sua doctrina, charæ juventutis Institutionem, vitaque exemplari in christiana Catholica Ecclesia, non solum in his interioris postræ Austriæ provinciis, imo toto orbe christiano, multum, bene, utiliter operantur, in conservanda promovendaque Catholica religione fideliter omnino & præ aliis adlaborant:

nat: contra vero ingratus hic malusque mundus eos præ ceteris odit ac perſequitur: ut proinde majori protectione, auxilio, aſſiſtentia indigeant, dignique ſint. Hæc omnia ſupradictos noſtros hæredes & ſucceſſores ſincere præſtituros confidimus. Eſt vero hæc una ultima noſtra intentio & voluntas. *Lamormaini* ibid. pag. 246. [„ Vor „ allem befehlen wir ernſtlich und mit ſonderm Fleiß unſern Kindern an, „ die ehrwürdige Geſellſchaft JEſu und ihre Patres hauptſächlich darum, „ weilen ſie mit ihrer Gelehrtheit, Unterrichtung der lieben Jugend, und „ mit ihrer die chriſtcatholiſche Kirch auferbauenden Lebensart nicht al- „ lein in unſern innern öſterreichiſchen Landen, ſondern in allen un- „ ſern Reichen, ja in der ganzen chriſtlichen Welt viel gutes und nützli- „ ches ſtiften, auch den catholiſchen Glauben überall zu erhalten und zu „ befördern ganz getreulich vor allen andern ſich alles Fleiſſes bearbeiten. „ Und da die undankbare und böſe Welt hingegen ſie vor allen andern „ haſſet und beneidet, ſind ſie um ſo mehr eines kräftigern Schuz, Hilf, „ und Beyſtand benöthiger, auch deſſen allerdings würdig; wir hoffen, „ daß unſere Erben und Nachfolger all dieſes vollziehen werden, dann „ dieſes iſt unſer einzige und letzte Willensmeynung "]. Nach dergleichen Gnaden-vollen Ausdrücken eines ſo groſſe Kaiſers, wer ſoll wohl glauben, daß die Jeſuiten Teutſchland gegen Oeſterzeich ſollten aufgewickelt haben? Nein! ganz anderſt denkt von unſrer Treu Thereſia die würdigſte Nahmens, Tugend, und Reichs Erbinn Ferdinandi, welche Zufolg der Willensmeynung ihres Urahnherrn vor ungefehr zwey Monat dem Regenten des thereſianiſchen Collegii erkläret ſagend: [„ ich bedaure euer Un- „ glück, und ſeyd verſichert, daß, was man auswerts gegen euch mitriges „ thut, gar keinen Eindruck bey mir mache, auch niemal machen werde "].

Ich mache hier eine einzige Anmerkung, welche niemand als unſern Feinden mißfallen kann: hat die Kaiſerinn Königinn ſo liebreich die Jeſuiten tröſten wollen, ſo glaubt ſie dann nicht, daß die Societät eine Schwindgrub verwegener Meichelmörder, ihre Regierungsart ein gottloſe Meiſterſchaft, ihr General ein ehrſüchtiger Tyrann, ihre Untergebene ſo ruchloſe auf den erſten Augenmerk zu dem Königsmord bewafnte Sclaven ſeyen. Wir tröſten uns mit der Hoffnung, als der König und Potentaten werden ungeacht aller Läſterſchriften, mit welchen man die ganze Welt überſchwemmt, und welche man durch heimliche Kunſtgrif überall zu verbreiten, auch anzupreiſen ſucht, den Jeſuiten rechtliche Gerechtigkeit widerfahren laſſen.

Will man aber endlich auch ſo herzliche, ſo feyerliche Zeugnißen nicht reſpectiren; ſo zeige man uns dann die Empörungen und Aufruhren, welche die wir ſollen angezettelt haben! zeige man uns die Königreich, welche uns wegen einer Rebellion jemal angeklagt? Neapel fande niemal ein kräftigers Mittel seinen zur Meutherey geneigten Pöbel in Schranken zu halten als die Vermehrung der Jesuiten-Collegien und ihrer Sodaliräten.

Man weiß wohl, daß alle seit zweyhundert Jahren der Societät gemachte Vorwürf ohne allen Grund seyen, man möchte sie aber gern noch ferner unaufgeklärt sehen, um die Vernunft selbst, wann es möglich noch länger irr zu machen; wie man dann auch gegen allen Beweiß und Erfahrniß die Welt in den Irrthum erhalten möchte, als wann die Jesuiten alle Schätz der alt und neuen Welt zum Eigenthum hätten. Man stellt die Societät vor als einen unersättlichen Abgrund, in welchem alle Reichthum und Güter, alle Erbschaften, alle Vermächtnissen und Schankungen versenkt beysammen liegen. Ich will nicht hoffen, daß man die wirkliche Reichthum der Jesuiten in Frankreich zur Prob anführen wolle; noch weniger glaube ich, daß man den Beweiß davon unter den Schätzen Portugalls aufsuchen werde; wenigstens hat noch keine einzige Lästerschrift eine Rechnung darüber zu stellen, selbige zu specificiren sich getraut; in der That eine Sach, welche bey vernünftigen Leuten dergleichen eingebildete Schätz ganz unglaublich macht.

Gesetzt aber auch, die Reichthum der Jesuiten wären in der That so groß, die Vermächtnissen, Testamenter und Schankungen eben so wahrhaft, wie sie doch nicht sind; was hätte es wohl zu sagen? Ist dann irgends in einem Gesatz verbotten Schankungen anzunehmen? Haben dann die meiste Stiftungen geistlicher Häuser nicht ihren Ursprung von der Freygebigkeit gutherziger Christen? Aus was Ursachen sollen die Jesuiten allein beraubt seyn eines Privilegii, welches die Kirch und der Staat, das Völkerrecht und Gesatz der Natur, der Glaub und die Vernunft allen Gesellschaften und Ständen zugestehen.

Wann jemal ein Orden sich dieses Rechts mit Bescheidenheit bedient, so waren es gewiß die Jesuiten; dann wo hat man vor oder nach ihnen Ordensgeistliche gesehen, welche offentlich auf alle Vermächtnissen und Almosen verziehen hätten? wie die Jesuiten vor dem Parlament zu Paris auf solche Geschenk, welche man ihnen wegen in der Pest geleisteten Diensten aus Dankbarkeit geben könnte, verziehen, ja sich sogar auch verpflichtet haben, im Fall man ihnen etwas aufdringen wollte, nichts anzunehmen? Die Jesuiten begnügten sich mit dem, daß sie bey Versorgung verlassner Kranken ihren Seeleneifer auszuüben Gelegenheit gefunden. Der Beweiß so uneigennütziger Lieb muß sich noch vorfinden in den Parlamentsacten auf das Jahr 1580; und zu unsern Zeiten, da die Pest zu Marseille und eine ansteckende Suche in Brest sich geäussert, haben wir die wiederholte Prob davon. Sie schlagen in die Schanz ihre Gesundheit und eigenes Leben, sie erschöpfen ihre eigene Nahrungsmittel, wann die allgemeine Noth es erfodert; und behalten sich bey der Welt nichts vor, als nur bloß allein den Ruhm, daß sie nutzlich und uneigennützig seyen.

Wie kann dann unser Tadler so frech einige alte rechtmäßige Stiftungen beschnarchen, welche kaum den nöthigen Unterhalt den Jesuiten geben; inzwischen aber den Provinzen unbeschreiblichen Nutzen schaffen? Was Wunder ist es aber, da er, ehe er nichts finden sollte der Societät vorzurupfen, sogar andern Geistlichen, welchen er spinnenfeind ist, zum Schutz reden, und dadurch sie aufhetzen will, vorgebend, daß die Jesuiten andere Ordensständ aus dem Nest gestossen, ihre Güter und Stiftungen an sich gezogen hätten? Alte Scharteckenmacher haben ihm den Stoff zu diesen Lästerungen gegeben; alte Schutzschriften, welche ihnen damal das Maul gestopft, sollen mir heut dienen einen jungen Tadler zu widerlegen. Man giebt vor, die Jesuiten hätten in Böhmen eine Carthaus hinweggekappert; und der böhmische Kanzler von Lobkowitz bezeugt, daß die Carthäuser in ganz Böhmen kein einziges Hauß jemal gehabt hätten. Man beschuldigte die Jesuiten, daß sie sich verschiedener geistlichen Güter in der Wallachey und Moldau bemächtiget hätten; und Fürst Radzivil Woywod von der Wallachey widerspricht es mit versichern, daß die Jesuiten nicht allein keine Güter anderer Geistlichen an sich gezogen, sondern auch mit grösstem Eifer sich beworben hätten andern Ordensständen neue Stiftungen zu bewirken. Man hat ausgesprengt, daß die Jesuiten die Carthäuser aus ihrer Einöde zu Lucern in der Schweitz verjagt hätten; und P. Vassail erklärt, daß ihr Orden in diesem Canton niemal eine Wohnung gehabt.

Diesen angeblichen Ungerechtigkeiten, welche die Jesuitenfeind in so weit entlegene Länder versetzt, wegen der Ferne entweder ihre Wirklichkeit glaubwürdiger zu machen, oder ihre Widerlegung zu erschweren, haben sie aus Unverstand zwey andere beygefügt, deren Falschheit zu erfahren, man weniger Zeit, als sie zu erfinden, brauchet. Dann was ist frecher, was unverständiger als sagen, daß die Jesuiten mit stürmender Hand das Carmeliter-Kloster zu Bourges sollen hinweggenommen haben, da noch alle in der Magistrat allda das Gegentheil ihnen selbst unwidersprechlich sagen kann? Was ist frecher und unverständiger als die Jesuiten anreden als Leut, welche die Dominicaner aus ihrem Kloster zu Orleans hätten verstossen hätten, da doch P. de Amore Provincial dieser Geistlichen selbst solches als eine grobe Lügen widerlegt? Hätten unsere Tadler den A**** zu Paris und Rom gedruckten Blabeyer des Monnholen eingesehen

hen, so hätten sie zugleich zu ihrer Schand die, über solche und noch mehr andere Thaten, gerichtlich abgefaßte Zeugnissen selbst lesen können.

Gleichwie man nicht aufhören kann, wann es um die Jesuiten zu verleumden zu thun ist, so sollte sich ebenfalls kein End finden, wann ich alles, was ihre Feind, sie zu verschwärzen, erdichtet haben, beantworten sollte. Diese ihre Feind haben sich von Jahr zu Jahr, von Geschlecht auf Geschlicht verewiget; allein ihre Lästerungen sind nichts als lauter von Zeit zu Zeit wieder aufgewärmte alte Lügen; welche schon hundertmal widerlegt und ausgepeitscht worden, ich aber noch einmal beleichtet und widerlegt habe, nicht sowohl, weilen ich gewisen Menschen ihre in der Höll ausgekochte Vorurtheil dadurch zu benemmen hoffen kann; als damit ich der ehrbaren Welt zeige, was sie von der Treu und Aufrichtigkeit halten solle, mit welcher dieser so genannte [„ Beschützer der Verlassenen "] die wesentliche Pflichten seines Amts in gegenwärtigen Umständen besorgt, und wie schlecht dieser Großsprecher, was er versprochen, gehalten habe.

§. II.
Der Verfasser probirt nicht, was er aufwirft.

Ich fange diesen Artikel an mit dem stärksten Vorwurf unsers Parlamentsprechers; an seiner triumphirenden Mine, mit welcher er das Wörtlein soli in der Bull Paull III vorgefunden zu haben sich hören laßt, sollte man schier meynen, er hätte eine eben so wichtige Entdeckung gemacht, als jene von der neuen Welt ware. Wohlan dann! das Wort soli steht in der von dem Ignatio und seinen Gesellen überreichten Bittschrift; was folgt daraus? Dieses: daß unser große Schulweise das Latein der Schrift nicht verstehe. Solches besser einzusehen, lege ich den Text, wie er an sich selbst ist, hier vor: quicunque in Societate nostra, quam JESU nomine insigniri cupimus, vult sub crucis vexillo DEO militare, & soli Domino, atque Romano Pontifici ejus in terris Vicario servire, proponat sibi &c. Sehe man nun auch die dem Buchstaben nach übersetzte Stell, wegen welcher man so großen Lärmen blaßt: [„ wer in dieser „ Gesellschaft, welche wir unter dem Namen JEsu bestättiget wünschen, „ unter dem Kreutzfahn für GOtt streiten, wie auch dem alleinigen Herrn, „ und seinem auf Erden habenden Stadthalter dem römischen Papst die- „ nen will, muß sich vorstellen. ꝛc. Da nun der Gegenverfasser und seine Anhänger (wovon die Anzahl seit seiner zweyten Gedenkschrift um ein merkliches abgenommen), diese Wort soli Domino ganz anderst wollen verstanden wissen; so bekenne ich ganz gern, daß ich ihnen den ächten Verstand

stand dieser Worten so leicht nicht werde können begreiffen machen, so lang er und die seinige in der Mund-und Redart der heiligen Schrift, an welche die Bullen sich halten, nicht besser wird bewandert seyn. Eines fallt mir noch bey; daß ich sie nämlich in die Kirch verweise dem hohen Amt der Meß beyzuwohnen, wo sie können singen hören; Tu solus Dominus, tu solus altissimus JESU Christe. Das ist alles, was ich ihnen zu Lieb noch thun kann.

Der vernünftige Leser aber wird von sich selbst einsehen, wie ungereimt man denken müsse, wann man das Wörtlein soll so ungeschickt verstehen, und auf den römischen Papst als den alleinigen Herrn ziehen wollte. Nein! eine so abgeschmackte Verdollmetschung ist eine schlechte Erfindung; was wird aber aus unserm Gegner und seiner Entdeckung noch werden? Americus, der die neue Welt erfunden, ist darinn zu grund gangen, sein Nam aber wird darinn ewig bleiben; unser brittische Latinist wird bey seiner Erfindung fortleben, allein der Ruhm eines Gelehrten wird bey ihm allzeit erstorben bleiben.

Wollte ich ihn unter jenen Siegszeichen, welche er sich schon wegen dem Wörtlein soll aufgerichtet, ganz und gar begraben, so brauchte es nicht viel; dann gesetzt auch, das Wort soli beziehete sich eben sowohl auf den Papst als auf JEsum Christum, wie doch nicht ist; so wäre der Gehorsam, welchen die Jesuiten nach seiner Meynung dem sichtbaren Kirchenhaupt schwören, allzeit der nämliche, den sie dem unsichtbaren Haupt der Kirch angeloben; ist es aber der nämliche, wie er nothwendiger Weiß seyn muß; wie kann er dann behaupten, daß dieser Gehorsam jenen, welchen die Unterthanen ihrem König schuldig seyn, umstoße, ihm widerspreche? Sollte der Weltheiland als ein Muster vollkommener Unterthänigkeit nicht höchstens dergleichen Gehorsam verabscheuen, der so klar gesagt: [„ daß sein Reich von dieser Welt nicht wäre "]; und daß man [„ dem Kaiser geben sollte, was des Kaisers ist "]? So muß er dann eingestehen, daß das Wort soli entweder JEsum Christum und seinen Stadthalter auf Erden nicht zugleich bedeute; oder wann es auch von diesem letzten sollte können verstanden werden, deswegen nichts verdächtiges zu fürchten seye; weilen der Gehorsam, den die Jesuiten dem Papst dießfalls leisten, keine natürliche und von GOtt befohlne Schuldigkeit beeinträchtigen, und niemand schaden kann.

Ja, es scheint unser Gegner wolle mit der Vernunft und Religion nur sein Gspött treiben, da er die Jesuiten für Leut will passiren machen, [„ welche auf Erden keinen andern Landesherrn erkennten als den „ Papst allein, der sie von aller sowohl welt-als geistlichen Bottmäßig- „ keit frey und ledig sprechete "]. Was denkt wohl dieser neumodische

Philoſoph? Weiß er nicht eben ſowohl, wie wir, daß dem Geſatz GOttes nichts ſo ſehr zuwider ſeye, als dem Gehorſam rechtmäßiger Obrigkeit ſich entziehen wollen? Nun aber was für einen Begrif giebt er wohl den Chriſten nicht allein von einem Ordensſtand, ſondern auch von dem apoſtoliſchen Stuhl ſelbſt, welcher, wie er ſagt, ſolchen Ordensſtand berechtigen ſoll das Joch abzuwerfen, welches das Evangelium allen Chriſten auferlegt, und die Vernunft es zu tragen ſie angelehrt hat?

Ich ſage noch mehr! unſer Philoſoph wird mir eingeſtehen, daß nicht allein Paulus III, ſondern auch Julius III, Gregorius XIII, Gregorius XIV, und Paulus V in ihren Bullen das Inſtitut der Societät beſtättiget haben. Nun aber iſt die Beſtättigung, mit welcher der apoſtoliſche Stuhl einen Orden confirmirt, nicht nur ein bloſſe Erlaubniß, ſondern ein förmliches richterliches Urtheil und Erkänntniß, in welchem er entſcheidet, daß in den Regeln, welche er approbirt, nichts enthalten ſeye, ſo der Vollkommenheit des Evangelii zuwider oder entgegen wäre. Dann ſo reden alle Canoniſten, und Benedictus XIV, jener groſſe Papſt, welchen der gegneriſche Verfaſſer ſelbſt zu hoch ſchätzt, als daß er von ſeinem als einem rechtswidrigen Zeugniß ſich auf einen höhern Richter beruffen ſollte, lehrt es ſelbſten de ſanctorum Canoniſ. tom. I, pag. 381, approbatio alicujus ordinis religioſi non nuda duntaxat eſt permiſſio, ſed definitio ſummi Pontificis, qua nimirum decernit regulam, quam approbat & confirmat, nihil continere evangelicæ perfectioni contrarium. Da nun der apoſtoliſche Stuhl die Regel der Jeſuiten beſtättiget hat, ſo folgt auch unwiderleglich, daß er kein ſchädliches oder gottloſes Buch mit dem Fiſcherring verſiegelt und bekräftiget habe. So ſind dann in dem Inſtitut nicht enthalten jene abſcheuliche Grundſätz einer zaumloſen Anarchie, welche man ihm aufbürden will; ſo ſind dann die Gelübde der Societät keine [„wunderliche, laſterhafte, Evangeliumswidrige, dem ganzen chriſtlichen Alterthum unbekannte Gelübd!"], wie er pag. 56 ſchwärmt.

Hätte er, ehe er ſo frecher Ausdrücke ſich bedient, alles beſſer überlegt; ſo ſollte ihm wohl auch eingefallen ſeyn, daß die HH. Ignatius, Xaverius, Franciſcus Borgias, Aloyſius, Staniſlaus, Franciſcus Regis die nämliche Gelübde abgelegt und jederzeit beobachtet haben. Sollen wir aber wohl auf unſern Altären Leut als Heilige verehren, welche [„durch wunderliche und laſterhafte"] Mittel zur Heiligkeit gelangt; welche [„durch Evangeliums widrige Weg"] in die himmliſche Glory eingetretten; welche, da ſie an der Seiten eines H. Antonii oder Baſilii, auch in den Jahrbüchern der Kirch verzeichnet ſtehen, ein chriſtliches Alterthum nicht kennen ſollte? ich überlaſſe hier unſern Gegner ſeinen eigenen

genen Ueberlegungen, diese müssen uns selbst gegen seine Verleumdungen, wann er recht denken will, schützen.

Doch weilen ich förchte, sie möchten den erwünschten heilsamen Eindruck bey ihm nicht machen, will ich ihm noch einige Puncten zu betrachten vorlegen, welche es sicherlich bewirken sollen. Dann unmöglich wird er gleichgültig ansehen können, daß seine politische Beschuldigungen eben so ungegründet und falsch, als seine in Religionssachen habende Begrif irrig und ungeschickt, seyn sollen.

Den Anfang damit zu machen, so biete ich ihm den Trotz erweisen zu können, daß zu Zeiten der augsburgischen Bündniß und in den von dem Prinz von Oranien erregten kriegerischen Aufruhren [„ alles Unheil "], wie er pag. 97 sagt, welches dem Reich damal zugestossen, „ durch die von dem Jesuiten Ludovico XIV gegebene Anschläg wäre er„ reget worden "]: daß die übereilte Rathschläg des P. Peters Jacobs II und der Königinn in Engeland den Untergang zugezogen hätten. Die Prob von all diesem sollte ihm hart fallen; damit er aber doch einige Käntnuß von der Ursach jener zwischen dem römischen und französischen Höfen obgewalteten Zwistigkeiten habe, so soll er dann wissen, daß die A. 1682 festgesetzte Artikel einigermassen den Grund dazu gelegt, und zu jenem Krieg, welcher der Religion so nachtheilig gewesen, Anlaß gegeben haben. Er soll wissen, daß Oesterreich damals diesen Zwyspalt und Unzufriedenheit des Papsts sich zu Nutzen gemacht, und dadurch das Breve eligibilitatis für den Prinz Clemens von Bayern bewirkt habe, welches jene so vielfältige Unruhen in Teutschland verursacht hat. Er soll wissen, daß Jacobus II bey seiner Ankunft in Frankreich offentlich gestanden habe: [„ daß man dem P. Peters sehr unrecht thue, wann man „ seinem Rath und Anschlägen zuschreiben will, was ihm widriges zuge„ stossen; hätte ich allzeit seinem Rath gefolgt "], setzte er hinzu, [„ so „ wäre ich dermalen nicht genöthiget hier zu seyn "].

Diese Lehren können für dießmal genug seyn; dann mein Gegner, welcher sich nicht gern in die Schul führen laßt, möchte vielleicht mich gar noch, ungeacht all meiner Bescheidenheit, als einen Verächter parlamentischer Befehl, kraft welcher uns alles Lehramt dermal verbotten ist, angeben wollen. So will ich dann nur jene Puncten berühren, welche zeigen, daß er in vielen Stücken noch sehr nöthig habe unterrichtet zu werden; oder daß er vergessen habe, was man ihn bey St. Magloire hätte lehren sollen.

§. III.

§. III.

Der Verfasser verstehet nicht, was er abhandelt.

Unser hocherleuchte Gegner setzt zum voraus einen von jedermann beliebten Grundsatz: [„ daß man "] nämlich [„ jenes was man bestreitet, „ oder auch vertheidigen will, wohl einsehen und verstehen soll "]. So urtheilt er pag. 36. Indessen da er in Erklärung des Worts Institutum schon fehlt, giebt er klar zu erkennen, daß er den wahren Begrif von diesem Wort nicht habe. Hätte er anstatt des Joinville und Nangis (welche er vielleicht in seinem Leben, ein lateinisches Wort aufzusuchen, das erstemal eingesehen), seinen Robertum Stephani aufgeschlagen, so hätte er gefunden, daß nach Anweisung Ciceronis, Plinii, und Quintiliani Institutum so viel heiße, als eine gewise Manier zu leben; nicht aber gewise Gesäz, welche nach dieser oder jener Art zu leben berechtigen. Auf dieses hin sind eine Bull und das Institut zwey ganz verschiedene, von einander unabhängige Ding, dergestalt, daß eines ohne das andere, zumalen in Sachen, welche den Gewohnheiten und Landsgebräuchen entgegen lauffen sollten, vollkommen bestehen könne. Aus diesem folgt, daß die dergleichen Lebensart beygelegte päpstliche Approbation, ihr zwar einiges Ansehen gebe, indessen aber ihre natürliche Wesenheit in so weit nicht abändert, daß nicht ein Institut zugleich bestehen, und einige durch solche Approbation zugestandene, aber den Grundsätzen unsers Königreichs zuwider seyende Ausnahmen oder Vorrechte dabey konnten aufgehoben werden. Unser klein brittanische Sprecher hat sehr wohl die Wahrheit dieses Grundsatzes eingesehen; damit er aber solche vor andern verbergen möchte, macht er weiß nicht was für ein verwirrtes Geschmier daher, welchem des überstudirten Mathanasius [„ Meisterstuck des unbekannten "] kaum das Wasser bietet. Laßt uns also diesen neuen Chrysostomum selbst hören, und sehen, ob wir ihn. wann es möglich, verstehen können. [„ Insti„ tut "] sagt er pag. 39 [„ kommt her von dem lateinischen Wort Institu„ tum, welches eben so viel heißt als eine Einsetzung; das Wort Einsetzung „ aber eben sowohl als stabilimenta, wird von den französischen Au„ thoren, als Joinville und Wilhelmus de Nangis gebraucht: die Ver„ ordnungen und Edict unserer Königen zu bedeuten "]. Was kann man wohl schöners, höhers, und sinnreichers sagen! Nein, eine so wohl ausstudirte Wörter-Ableitung kann nur jenem einfalln, der ein würdiger Nacheiferer eines Mathanasius ist. Institutum kommt denn also her von stabilimenta, schier eben so wie Alfana von equus. Ist sich wohl zu verwundern, daß in jenem Hirn, welches mit dergleichen Gezeug angefüllt

gefüllt ist, kein Platz mehr übrig geblieben, die metaphysicalische Distinction oder Unterschied zwischen dem Institut und denen es bestättigenden oder vorgedruckten Bullen hinein zu bringen?

Die gar zu große Gelehrsamkeit überschnappt zuweilen; man siehet es hier. Es ist ja nichts natürlicheres als der von den Jesuiten zwischen den Bullen und dem Institut hier gemachte Unterschied; ihr Institut oder Lebensregel ist ein Werk des H. Ignatii; die Bullen ein Werk der Päpsten, welche erklären, daß in solchem Institut nichts enthalten, so der evangelischen Vollkommenheit entgegen wäre; zugleich auch gewisse Vorrecht und Begnadigungen jenen ertheilen, welche diese Regeln befolgen werden.

All dasjenige nun, was unser gelehrte Kleinbrittanier unter einander verwirrt, besser ins Licht zu setzen, will ich alle diese Bullen nach ihrem Datum ordentlich anführen. Die erste ware von Paulo III, in welcher er den von dem Institut ihm vorgelegten Plan und Grundriß A. 1540 gutgeheißen. In jener, so er A. 1543 herausgegeben, dehnet er weiter aus die in der erstern ertheilte Erlaubniß und Approbation. Bis dahin ware in der Societät, die Regeln betreffend, nichts beständiges angesetzt; der H. Ignatius wollte aus kluger Vorsicht eher nichts gewisses abschliessen, bis er alles so zu sagen durch die Erfahrniß geprüft hätte. Er hat also nach und nach seinen Entwurf aus einander gesetzt, die Constitutionen zusammen getragen, die nöthige Declarationen oder Erläuterungen beygefügt; und erst A. 1552 hat dieser so weise Gesetzgeber sein nach reifer Ueberlegung und langem Versuch abgefaßtes Institut den Häusern seiner Gesellschaft zugeschicket, damit der wirkliche Gebrauch davon, welcher eigentlich der rechte Probirstein aller Gesätzen ist, ihm, was daran noch zu ändern oder zu verbessern wäre, zeigen möchte.

Während dieser Zeit starbe der heilige Stifter, und ein Jahr nach seinem seligen Hintritt, nämlich A. 1557 ist sein zur Vollkommenheit gediehenes Institut endlich auf Befehl des Stadthalters Christi gerichtlich untersucht worden. Paulus IV ernannte zu diesem Examen vier von verschiednen Ordensständen ausgesuchte Cardinäl; welche, wie leicht zu erachten, mit einer zu ihren Orten tragenden vorzüglichen Neigung das Institut Ignatii untersucht haben; allein die aus den Constitutionen überall hervorleuchtende Weißheit dieses neuen Stifters hat alle diese ihre Vorurtheil gehoben, und sie haben im geringsten nichts darinn abzuändern gefunden. Das Institut wurde also gutgeheißen, und A. 1558 zum ersten mal zu Rom gedruckt. Es ware auch in die gantze Welt schon ausgebreitet, da Gregorius XIII A. 1582 es aufs neu feyerlich bestättiget hat.

Gregorius XIV hat A. 1591 alles, was einige unruhige Köpf sich

das Institut zu reformiren, haben einfallen laffen, als null und nichtig erklärt, und es aufs neu bestättiget; wie dann auch Paulus V A. 1606 nochmalen es approbirt, und jene, welche das Generalat auf eine gemeffene Zeit
herabfetzen, und in den Conftitutionen Neuerungen vornehmen wollten,
als Meutmacher und Rebellen declarirt hat, welche auf nichts als auf eine völlige Zerftöhrung und Berfall dieses Ordens abzielten.

Nach fo vielen und feyerlichen Beftättigungen ift endlich im nämlichen Jahr 1606 noch die herrliche Auflag des Inftituts zu Rom zum Vor-
fchein gekommen: in welcher der fpanifche Grundtext und die lateinifche
Ueberfetzung der Conftitutionen famt ihren Declarationen enthalten find.

Von diefer Zeit an, hat man aller Orten, in allen Sprachen das
Inftitut oder einen Auszug davon zu drucken angefangen; die von dem H.
Ignatio mit eigner Hand aufgefetzte Urfchrift wird zu Rom noch aufbe-
halten. Man fieht darinn, was er fchier von Tag zu Tag aufgezeichnet;
man weiß auch feine Abfichten, welche er in feinem Auffatz fich vorgeftellt;
Orlandinus, Sachinus, Sothwel und die Bollandiften, lauter bekannte Scribenten, haben uns all diefes fchriftlich hinterlaffen.

Man kann leicht errathen, warum unfer fogenannte Parlamentift
all diefes nicht habe wiffen wollen; er weiß wohl mehr andere Sachen
nicht, welche doch in fein Amt fogar einfchlagen. Diefes aber kann ich
nicht begreiffen, wie er fich habe erfrechen können mit einer ganz kecken
Dreiftigkeit unverfchämt in Tag hinein zu fchreiben pag. 42 & 43, [„daß
„ man nicht wiffen könne, zu was für einer Zeit die Conftitutionen wå-
„ ren aufgefetzt worden; daß alles, was das Inftitut betrifft, fo dunkel
„ und verwirrt feye, daß man es nicht recht ergründen könne; und daß
„ endlich die fpanifche Urfchrift feye verlohren gangen "].

Man kann wohl nichts unverfchämters fagen! allein diefer nafen-
weife Mathanafius ftöhrt fich nicht daran; er fahrt nur um fo frecher
fort, und lobt den gelehrten P. Mabillon, [„daß er in den Jahrbüchern
„ feines Ordens der Urfchrift des H. Benedicti vom 6ten Sáculo an in
„ Befchreibung der Kriegen, wechfelweifen Abänderungen und Plünde-
„ rungen der Klöfter gefolgt feye bis ins neunte Jahrhundert, da fie in ei-
„ ner Feursbrunft zu grund gangen "]. Es muß diefen Mathanafium
nicht wenig verdrieffen, daß ich ungeacht all feiner hier geäufferten hiftori-
fchen Wiffenfchaft ihm ins Ohr fagen kann, daß man eben diefes im
neunten Sáculo fchon verbrennt feyn follende Original des H. Benedicti
noch A. 1100, wie Mabillon Annal. Benedict. tom. I, pag. 637 bezeugt, zu Tournon unter den Reliquien des dafigen Klofters gefehen habe.
Ob es vielleicht miraculofer Weiß in den Flammen erhalten worden, wie
es deffen fehr vernünftige Einrichtung, nach mehr oder die Heiligkeit feines

des Verfassers verdiente; oder aber ob es wie ein anderer Phönix nach 200 Jahren aus seinen Aschen wieder neu erstanden seye, ist eine Frag, welche ich ihm zu erörtern überlasse.

Aus dem, was ich bishero angemerkt, ist gar nicht schwer unsern Gegner samt seinem kahlen Einwurf abzuweisen, da er sagt pag. 43: {„aus diesen Thaten folgt, daß die Jesuiten ihr Institut von den Bullen „keineswegs absöndern oder unterscheiden können; dann nimmt man „die Bullen hinweg, so bleibt kein Institut mehr übrig"}. Was denkt wohl der gute Mann?

Widerruft der Papst die Bullen, welche das Institut bestättiget haben, so weiß ich, daß die nach solchem Institut lebende Menschen keinen approbirten und privilegirten geistlichen Ordensstand mehr ausmachen; indessen bleibt doch solches Institut allzeit, was es ist, nämlich ein vernünftiges und gottseliges Werk, eine ganz kluge Lebensregel, und dieses ist für seine natürliche Wesenheit genug.

Sein sittliches Wesen betreffend, so können die ihm von den Päpsten ertheilte Bullen, wann sie etwas gegen die Gerechtsame der Landsherren oder gegen die Gebräuch und Grundsätz gewiser Staaten zugestehen, keiner Nation zum Last oder Ueberdrang seyn; indem sie nur in jenen Ländern, wo sie keinen Widerspruch leyden, ihre Kraft und Wirkung haben können. Folglich konnten dann die Jesuiten in Frankreich von den ihnen vom päpstlichen Stuhl ertheilten Privilegien und Ausnahmen abstehen, sie ausschlagen, ohne von der Wesenheit ihres Instituts oder Lebensregel etwas zu verlieren; also siehet man auch, daß sie die Zehenden, Zöll, Steuren, und andere gemeine Auflagen entrichten, ohne ihrer Lebensregel und Institut desswegen einen Abtrag zu thun; folglich konnten sie auf das ihnen angebottene Recht Conservatores zu ernennen, völlig beruhen; sich wie andere Geistliche der Gerichtbarkeit der Bischöfen unterwerfen, wie sie es auch wirklich bishero gethan. Indessen sind dieses lauter Handlungen, welche den Bullen einen Abtrag, dem Institut aber desswegen keinen Eingrif thun, als welches dergleichen Privilegien sich selbst niemal angemast, oder seine Wesenheit darinn gesetzt hat. Aus diesem läßt sich nun leicht schliessen, daß, wann gleichwohl die Jesuiten ohne die Bullen, welche ihre Constitutionen bestättigen, nicht als förmlich approbirte Ordensgeistliche leben, sie dannoch die nämliche Constitutionen genau halten können, ohne daß sie sich der in solchen Bullen enthaltenen Privilegien bedienten.

Zu dem hat man wohl jemal bey der Canonization eines Ordensgeistlichen Informationen eingeholt, ob er sich der Privilegien seines Ordens bedient habe? Nein! das wird niemand gesehen haben. Was man da und tersucht, ist, ob er seine Reglen beobachtet habe; so sind es dann die Reglen, welche einen wahren Geistlichen ausmachen, nicht aber gewise Privilegien, welche eine Ausnahm von der allgemeinen Regel sind, und deren Gebrauch jederzeit sehr mäßig und bescheiden seyn soll.

Dergleichen Vernunftschlüß leuchten allen Verständigen in die Augen, allein unserm Gegner bleiben sie Finsterniß, er beharrt ein wie das andermal darauf, daß wir uns unserer Privilegien unmöglich entschlagen könnten, ja er will sogar, daß wir in der That niemal auf solche verzeihen thäten; seine Prob ist seltsam und lächerlich, [„ in dem Capitel „ censuræ & præcepta"], sagt er pag. 70, [„ ist befohlen, daß man „ diesen Auszug in allen Häusern der Societät alle Jahr über Tisch le= „ sen solle. Jene, welche die Antworten und Schutzreden wegen ihren „ gethanenen Verzichten aufgesetzt, haben selbst solche lesen gehört: wann „ aber dieses heißt auf seine Privilegien verzeihen, so möchte ich gern se= „ hen, was man thun müßte solche zu erhalten"]. So ist dann durch die Dollmetschung unsers gelehrten Gramatici censuræ und præcepta eben so viel als privilegia! Mein GOtt! was für ein Unstern muß doch über die Jesuiten leuchten! als welche sich bey einem Gerichtshof müssen verdammt sehen auf den Vortrag und Beurtheilung eines Menschen, welcher nicht einmal weiß, daß censuræ und præcepta auf Verbott und Straffen, privilegia auf Begnädigungen abzielen!

Wahrhaftig die Jesuiten hätten schier besser gethan, wann sie von ihrem neuerlich gedruckten Institut, wie in der Auflag von 1606 geschehen, die Bullen hätten hinweggelassen; sie wären mit andern in dem bullario magno vergraben geblieben, und man hätte zwar die Societät, wie von ihrer Aufkunft bis hieher allzeit geschehen, beneidet und verfolgt, allein sie hätten sich selbst manche Chicanen ersparen können; dann mit Wahrheit davon zu reden, so ist alles, was man heutiges Tags von und gegen ihr Institut schreibt, nichts als verwirrte und zänkerische Advocatenstreich und grundlose Chicanen.

Mit dergleichen Schwänk ist unser kleinbrittanischer Advocat umgangen, da er mit Gewalt sich in Kopf gesetzt pag. 44, [„ daß die „ Constitutionen niemal durch die Päpst selbsten gerichtlich eingesehen und „ bestättiget worden"]; ich habe das Gegentheil kurz zuvor erwiesen, da ich die Päpst genennt, welche es approbirt und confirmirt, die Zahl der aus verschiednen Ordensständen erliesenen Cardinälen angedeutet, welche es gerichtlich untersucht. Laßt nun sehen, wie seine andere Chicane den Stich halte, da er pag. 20 vorgiebt, daß die Kirchenversammlung zu Trient nur incidenter von ungefehr und ohne Untersuchung das Jesuiten-Institut als ein gottseliges Institut erklärt habe. Nirgends siehet

ſiehet man offenbarlich, daß der Verfaſſer die Frag, ſo er abhandelt, nicht verſtehe als hier, indem er nicht einmal weiß, oder auch nicht wiſſen will, was die Jeſuiten mit dem Concilio von Trient haben verſtehen oder ſagen wollen.

In was für einer Schutzſchrift hat er wohl gefunden, daß dieſer heilige Kirchenrath einen richterlichen Ausſpruch dießfalls ſoll gethan haben? Niemal haben die Jeſuiten noch dieſe Gutheiſſung des Concilii für ein gerichtliches Urtheil ausgegeben. Dieſes aber haben ſie gethan: ſie haben dieſes herrliche und unwiderlegliche Zeugniß eines Concilii entgegen geſetzt jenen unverſchämten Schmäh-Titlen, mit welchen laſterhafte Zungen das Inſtitut als ein heylloſes, unchriſtliches, phantaſtiſches, ſchwindelhirniſches, als ein aller Authorität der Kirch, der Biſchöfen, der Landesherren nachtheiliges Geſatzbuch ohne Unterlaß verſchreyen wollen. Und ſollte dieß alles auch nicht genug ſeyn für ein Jahrhundert, welches ohnehin nichts auch noch ſo heiliges mehr reſpectiren will; ſo ſage ich noch mehr und behaupte, daß jenes von den Vätern des Concilii dem Inſtitut beygelegte Lob nicht gar ohne vorherige Unterſuchung ihm ſeye zu erkannt worden; dann dieſe kennten von geraumer Erfahrniß die Sitten, die Lehr, und den Eifer der Jeſuiten; die Lebensart, Dienſten, und mühesame Arbeiten der angehenden Societät waren unverwerfliche Zeugen von der Heiligkeit ihrer Conſtitutionen; der Cardinal Commentonus, die päpſtliche Nuntii, die Geſandten der Fürſten trieben alle auf die Stiftung der Jeſuiten-Collegien, und ſchlugen ſie als das kräftigſte Mittel vor die Religion in Teutſchland wieder herzuſtellen. Der H. Carolus Borromäus ſchriebe im Namen des Papſts ſeines Oheims ſelbſt an die Nuntios, die Jeſuiten ſich empfohlen zu halten. Sollten ſie dieſes blind hinein gethan haben, ohne die Verfaſſung der Jeſuiten einzuſehen?

Die zu Trient verſammelte Väter wußten, daß Paulus III und Julius III den Aufſatz Ignatii beſtättiget, und daß die zu Poiſſy verſammelte franzöſiſche Cleriſey ſolchen Orden damalen aufzunehmen ſich geweigert haben; iſt es wohl glaublich, daß dieſer Widerſpruch nicht das Concilium zu einiger Unterſuchung ſollte veranlaſſet haben? Es muß ein in Affairen ganz unbewanderter, alles nur obenhin abzuſchnellen gewohnter Mann ſeyn, der ſo leichtſinnig denken oder ſchreiben wollte.

Ich wurde kein End finden, wann ich Schritt vor Schritt meinem Gegner folgen wollte in ſeinen Ausſchweiffungen, auf welche ſeine verwirrte Einbildungskraft ihn verführt hat; noch eines aber müſſen wir von ihm hören: [„ die Approbation der Biſchöf und die von ihnen den „ Jeſuiten beygelegte Lobſprüch als eine Vertheidigung ihres Inſtituts „ anlegen wollen"], ſagt er pag. 25, [„ heiſſe eben ſo viel, als den

„ Respect und Ehr, welchen die Gläubige ihren ersten Seelenhirten schul-
„ dig sind, mißbrauchen wollen "]. Darf man wohl fragen warum?
Wo ist von weitem nur eine Ursach zu diesem Vorwurf? und zu was für
einer Zeit macht er ihn? Eben dazumal, da die zu Paris versammlete Geistlichkeit das Institut der Jesuiten zweymal mit dem feyrlichsten und glor-
reichsten Zeugniß beehret hat. Wahrhaftig der muß recht rabulisten-
mäßig alles Gesatz widrig zu beschnarchen gewohnt seyn, der in einem so
einhelligen, den Jesuiten so Lob- und Verehrungs-würdigen Zeugniß einen Rechts-widrigen Mißbrauch finden will.

§. IV.
**Der Verfasser beantwortet die Einwürf nicht, welche man
ihm gemacht.**

Das Schicksal der Jesuiten ist recht seltsam! stellen sie sich zu Aix und
anderstwo vor Gericht, ihre Sach zu vertheidigen, so weiset man sie
ab: schweigen sie, und halten sich still bey andern Gerichtshöfen wie zu
Rennes, so ist es noch ärger, und alle Klagen gegen sie werden als eingestanden anerkennt. Nicht so geschwind haben sie auch die in gedruckten
Schriften aufgeworfene Lästerungen widerlegt, so erscheinen sie schon anderstwo wieder im Druck, als wann sie niemal wären ausgestäubt gewesen. Es sind so unverschämte Prothei, daß sie sich nicht einmal unter
einer andern Gestalt verkappen, den verdrüßlichen Vorwurf nämlicher
Wiederholungen von sich abzulehnen.

Wie oft hat man nicht schon erwiesen, daß die Constitutionen der
Jesuiten weder eine Staats-Heimlichkeit, noch ein Religions-Geheimniß
wären? Mein Gegner, der eingesteht meine Schriften darüber gelesen zu
haben, wiewohl diese seine Bekänntniß nicht nöthig ist, indem die gall-
süchtige Unart, mit welcher er mehrere Blätter seiner Scharteck beschmiert,
solches nur zu viel zeiget, laßt ganz unbeantwortet alle ihm dießfalls gemachte Gegengründ, und widerholet ohne alle Scham seinen alten Quark,
kömt mit dem nämlichen allzeit wieder angestochen. Was ist wohl mit einem
solchen gegen alle Vernunft stutzigen Mann anzufangen? Soll ich auch
meine vorige schon mehr als hundertmal gegebene Antworten wiederum
anführen und zum Verdruß beständig widerholen? Dieses wäre eine für
ihn unnütze, für andere sehr verdrüssige Sach. Das einzige Mittel ihn
zu schanden zu machen, ist die That. Ich will ihm dann nicht zehenmal
widerholen, daß ein Parlament von Paris vollkommene Känntniß von
dem Institut müsse gehabt haben, weilen es auf den gewiß nicht ohne
Durch-

Durchsuchung gemachten Bericht der Generalprocuratoren, die weitere Untersuchung dem Bischof zu Paris und der zu Poissy versammelten Geistlichkeit übertragen hat; nicht widerholen, daß ein königlicher Rath in Niederland die Constitutionen als ein gesetzmäßiges Werk durch schriftliche Urkunden anerkennt habe; das Institut also in beyder Augen kein Geheimniß gewesen seye. Zum Ueberfluß stecke er nur seine Naß in die offentliche Bibliothecken oder auch in die Bücher-Cabinet unserer Gelehrten; überall wird er dieses so verborgen seyn sollende Institut von mehrern Auflagen vorfinden; es ist dieses eine Sach, wovon die alte Catalogi solcher Bibliothecken den klaren Beweiß aufzeigen, wo ist aber eine Heimlichkeit; wo alles mehrmal offentlich im Druck bekannt gemacht, offentlich aller Welt zu lesen angebotten worden?

Eines ist, worinn ich ihm unmöglich seinem Fürwitz Genügen leisten kann, er will nämlich, ich solle ihm Gesätz aufweisen, welche niemal gewesen, und deren er in seiner ersten Schrift zehenmal mehr supponirt, als immer ein Kaiser Justinianus hat machen können. Da aber dieser sein Fürwitz eine Kopfkrankheit ist, so überlasse ich den Kunstverständigen die Sorg ihn zu curiren, und da diese mittlerweil zu seiner Genesung Hände anlegen, will ich Sorg tragen, damit die Krankheit nicht um sich greiffe.

Ich habe die Ruhm-volle Gedächtniß eines Laynez und Aquaviva durch unverwerflich Zeugnissen gerettet, wie hat er diesen meinen Beweiß widerlegt? ohne auch nur eine einzige Gegenprob anzuführen, begnügt er sich mit seiner alten Leyr, und wiederholet pag. 11, [„ daß der phantastische
„ Geist eines Laynez, und die ungemessene Ehrsucht eines Aquaviva den
„ geistlichen Despotismum, die unordentliche Herrschsucht, die Be-
„ gierd zu Reichthumen in die Societät eingeführt, und den Weg zu höheren Absichten, welche nicht unschwer zu errathen, gebahnt hätten "]. Was soll ich auf solches Geschwätz, welches viel Geheimniß-voller als die Weissagungen der Sybillen sind, antworten? Sag ich, daß dieser phantastisch seyn sollende Laynez ein zu seiner Zeit wegen Wissenschaft, Verdienst, und Demut höchst angesehener Mann gewesen? so ist dieses in den Augen unsers Gegners ein Zeichen des Wahnwitz; sag ich, daß er aus geistlicher Demut die Cardinalswürde ausgeschlagen, so nimmt er es als eine andere Prob des Wahnwitz an; sage ich, daß er zwölf Stimmen zum Papsthum gehabt, so muß dieses, wo nicht die Wirkung, doch die Belohnung sothanen Wahnwitz gewesen seyn. Ich muß also ganz andere Sachen gegen ihn aufziehen. So höre er dann Zeugnissen, welche, wann er noch Ehr im Leib hat, er nothwendig respectiren muß.

Der Cardinal Tournon, dessen Nam bey allen Franzosen in größter Vrhehrung ist, sagte von eben diesem Wahnwitz seyn sollenden P. Laynes, daß er seine große und unverfälschte Weißheit, Verstand, und heilige Sitten kennte: Tu Pater summe venerande, cujus magnam incorruptamque sapientiam, prudentiam, & sanctos mores cognitos habeo. Ciaconius Vitæ Pontif. tom. III col. 511.

Der Cardinal Stanislaus Hosius schriebe diesem also betitelten Phantasten, wie er versichert wäre, daß ihm niemand einen getreuern, heilsamern, und vernünftigern Rath, als er Laynez geben könnte; nec fidelius, nec salubrius, nec prudentius a quoquam alio, quam a Paternitate vestra consilium dari mihi posse persuasum habeo. Sachin. hist. soc. l. VIII, c. ult.

Der Cardinal von Augsburg Otto Truchseß, wie der nämliche Sachinus ibid. n. 206 & 207 bezeugt, achtete ihn so hoch, daß er im Leben alles auf ihn gesetzt, nach dem Tod selbsten ihm die Lob- und Leichenpredig halten, seine Tugenden hat anpreisen wollen.

Ein Mann nun, welcher so hoch erhoben und gelobt worden von damals lebenden Kirchenprälaten, die den Werth wahrer Verdiensten bestens zu schätzen wußten; soll er wohl für einen wahnwitzigen Phantasten paßiren, weilen einem verwirrten Schwindelhirn eingefallen, ihm aus Haß gegen den Jesuiten-Rock solchen Nam beyzulegen?

Eben so wenig wird er mit seinem alle Augenblick wiederholten Lästern die Welt überreden können, daß Aquaviva ein ehrsüchtiger Hochmuthsgeist solle gewesen seyn, dann in was hat er wohl jemal eine Spuhr dergleichen Ehrgeiz an ihm gemerkt? an seiner Begierd zu geistlichen Dignitäten? seine hohe Geburt berechtigte ihn dazu, er hat aber alle mit Heldenmuth ausgeschlagen. An seinem Pracht und Staat? er lebte bekanntermassen wie der geringste aus seinen Geistlichen: vergaße, wer er gewesen, damit er desto genauer der Pflichten eines armen Religiosen, der er ware, sich erinnerte. Ich bin versichert, daß wann man bey einem andern Richterstuhl, als jenem der Vernunft, auf unsern Gegner dringen sollte, dergleichen ehrsüchtige Gesinnungen, welche er so frech dem sittsamsten und demüthigsten Mann seiner Zeit aufgedichtet, durch gehörige Proben zu erhärten, so sollte er ganz verwirrt und beschämt da stehen wie der Butter an der Sonn. Keinen andern Beweiß könnte er beybringen, als jene verlegent ausgezeitschte Schartecken, welche er abgeschrieben. Ich setze ihm aber entgegen einen Beweiß, welcher von einem ganz andern Gewicht, und den er auch wider Willen zu respectiren gezwungen ist, nämlich das Verehrungs-würdige Zeugniß des erleuchteten Cardinal du Perron. Dieser große Kenner wahrer Verdiensten, hielte den General P. Aquaviva für den fürnehmsten, verständigsten, und beredsamsten Mann seiner Zeiten, [„ganz Italien weiß es, und zumalen Rom"],

sagte

sagte er zu Henrico IV, wie Montholon in seinem Plaidoyer pag. 492 bezeugt, [,, wie großmüthig er das Erzbischthum von Neapel, welches ihm ,, Clemens VIII anerbotten, ausgeschlagen habe; nur damit er in De,, mut unter seinen Ordensgeistlichen, als wie einer aus ihnen, ohne al,, lem Pracht und Gefolg arm und still leben könnte. Niemand hatte er ,, zu seinem Dienst als jene, welche zu Mitbesorgung seines Amts unent,, behrlich vonnöthen sind. Er ist ein Sohn und Bruder der Herzogen ,, von Atria; welcher, wann er in der Welt geblieben wäre, eben das,, jenige, was heutiges Tags sein Enkel der Cardinal Aquaviva Erzbischof ,, von Neapel ist, hätte seyn können.

Mit jenem chymärischen Einfall, welchen unser eulenspieglische Fabelhanns zu nennen sich selbsten nicht getraut, werde ich mich gar nicht aufhalten, vermuthlich will er [,, durch jene höhere Absichten, welche nicht ,, so unschwer zu errathen"], das Vorhaben auf eine universal Monarchie verstanden haben; was kann aber wohl einfältiger seyn? Man weiß noch, wie spöttlich ehemalen zum Gelächter der ganzen Welt sich gemacht haben jene, welche einem der mächtigsten Königen in Europa solche Absichten haben beymessen wollen; wie Toll- und Narren-Hauß-mäßig müssen nicht denken jene, welche ein so weit aussehendes Vorhaben einem urkräftigen Ordensgeistlichen zumuthen wollen? Unser Verfasser kann sich mit dergleichen Irrwisch herumbalgen, so lang er will; ich halte mich an wirkliche Thaten.

Er bleibt immer unbeweglich bey seinen bodenlosen ersten Scheinursachen, läßt sich auch gar nichts einreden, er wärmt sie wieder auf, und wiederholt allzeit das nämliche, ohne auch nur die geringste Antwort auf die ihm gemachte Einwürf zu geben. Man hat ihm gesagt, daß die noch Lebende wegen den Verbrechen der Todten unmöglich zu Rede und Antwort könnten gezogen werden, und er kommt mit seiner alten Leyr angezogen, daß man uns wegen Schriften der Verstorbnen, welche wir längst verworfen, noch verdammen solle. Er hat in seiner ersten Schrift selbst eingestanden, [,, daß die innerliche Bewegursachen und Meynungen zu ,, beurtheilen keinem sterblichen Gericht zukömmt"], und bey diesem maßt er sich dannoch an sie zu richten. Man hat ihm den von unserer Einhelligkeit in Lehrsachen habenden Gedanken widerlegt durch Anführung unzahlbarer Authoren, welche mehrere schnurgrad gegen einander streitende Lehrsätz behauptet; dieser entscheidende Beweißgrund ist ihm nicht genug, doch antwortet er nichts darauf.

Man hat ihm das von Aquaviva gegen den Tyrannenmord ergangene Decret vor, er findet es nicht klar genug, und da er es noch mehr in Dunkleren suchte, hat er sich in einem Canone des Concilii von So stanz selbsten verwirrt. Man sagt ihm, daß das Parlament von Paris A. 1610 mit solchem Decret seye zufrieden gewesen. Da er nun sich nicht getraut einem Gerichtshof, von welchem andere noch lernen sollen, die gehörige Einsicht abzusprechen, so sucht er mit der Ausflucht, es müsse vermuthlich das nämliche nicht gewesen seyn, zu entwischen. Allein seit wann beantwortet man einen Einwurf mit einem vermuthlich?

Man erweißt ihm, daß die angebliche Auflag des Busenbaum von A. 1757 niemal gewesen; er schweigt dazu still, fahrt ein wie den andern Weg fort, den Richtern, die er doch kraft tragenden Amts recht belehren sollte, diese unterschobene falsche Auflag als eine wahre und gewise anzugeben, er macht sogar den letzten Beweißthum daraus der in der Societät verewigten, und von Hand zu Hand übereichten einhelligen Lehre von dem Tyrannenmord.

Er rühmt sich pag. 71 den Jesuiten angedeutet zu haben: [,,daß, ,, wann sie keine ligistische Gesinnungen hegen, den Grundsatz von der Un- ,, abhängigkeit der Königen und dero Person Sicherheit lehren, kein verderbte morale oder Sittenlehr führen sollten, er ihnen weiter nichts ,, mehr vorzuwerfen hätte"]. Nun aber haben wir all dieses gethan, wir sind auch noch bereit es zu thun, er weiß es: schon vor 150 Jahren haben wir unsere Declarationen darüber gegeben, ganz neuerlich haben wir eine dergleichen Erklärung aus eigenem Trieb gestellt, zwey andere auf Begehren der versammelten Bischöf und königlichen Commissarien ertheilt; was will er zu seiner Ueberzeugung noch mehr? Was längst geschehen, können die Jesuiten unmöglich mehr ändern, einige ihrer Vorfahren haben gefehlt, sie sagen es selbst, die noch lebende sind nach Eingeständniß unsers brittischen Gegners selbst unschuldig; seit 60 Jahren haben mehr als 60 ihrer Schriftsteller gegen jene Grundsätz, welche man ihnen zu Last legen will, geschrieben, welcher Stand des Reichs, dem man mit allem Recht dergleichen Vorwurf machen könnte, hat eben so gut seine Unschuld bewiesen? Man geht in der That gar nicht aufrichtig zu Werk in Ansehen der Mitteln, welche man ergreift uns zu stürzen. Der König, dessen Nam und Interesse man in den Gerichtsstuben beständig als das einzige Stichblat im Mund führt, kann er nicht auf andere Art seine höchste Willensmeynung wegen unserm Schicksal kund machen? Was haben die Gerichtshöf nöthig uns Unmöglichkeiten zu zumuthen, nur damit es das Ansehen nicht habe, als wann sie uns gegen alles Völkerrecht aus dem Reich verbannten? Es bleibt dabey, wir werden das Schlachtopfer der Gerichts-Formalitäten seyn, allein diese hingegen werden bey benachbarten Gerechtigkeit liebenden Völkern zu ewigem Spott und Hohn werden. Es stehe nun nicht bey uns, eines oder das andere

zu

zu verhindern, bleibt uns also nichts mehr übrig als die Gedult, und der Trost jenen noch beschämen zu können, der sich gern einen Namen machen wollte durch Unterdruckung des unsrigen.

§. V.

Der Verfasser ist unbesonnen in seinen beygebrachten Erzehlungen.

Ein alter Philosoph sagte vor Zeiten: [„ rede nichts, was du nicht beweisen kannst ; Ehr und Reputation liegt daran "]. Zu wünschen wäre, unser neue Philosoph hätte bey diesem alten Weltweisen seine Collegien gehört, so hätte er heut das Mißvergnügen nicht, sein Werk als ein zusammen geflicktes Geweb tollkühner Citationen, sich selbst aber als einen unbesonnenen Scribenten bey dem Richterstuhl der Vernunft eingeklagt zu sehen, der, weilen er mit Gewalt will, daß man auf sein Wort an nichts zweiflen soll, eben deswegen, was er sagt, zweifelhaft macht. Leichtgläubige, oder auch eigennützige Leut mögen sich wohl von seiner geschwollstigen Großsprecherey verführen lassen, allein die Wahrheit erhaltet doch allzeit ihr Recht, auch in einem Sæculo, welches kein sonderer Wahrheits-Freund ist, findet sich noch ein oder der andere, der sie rettet. Ich werde es auch thun, so viel ich kann in Ansehen gewisser Thaten, ein anderer mag es vollkommen ausführen, für einen ist es zu viel.

Unser Gegner, welcher ein wurmstichiges Gebäude im Kopf führte, hat es auch aus nicht viel bessern Trümmern zusammen gestückelt. Er wollte erweisen, das Institut wäre mangelhaft, allein die Päpst stunden ihm überall im Weg, welche es bestättiget; diese Authorität verwirrte ihn mehr, als er sie zu respectiren gewohnt ist, er mußte also darauf studiren einige Stellen herauszudrechslen, welche es zu mißbilligen scheinen, aus der Absicht, den apostolischen Stuhl also selbst in Widerspruch zu setzen. Er hat es probirt, ist ihm aber nicht gelungen, wie ich zeigen werde. Man nemme mir aber nicht übel, wann ich die Sach etwas weiters herhole, die Erzehlung einiger Umstände ist zu vorhabender Untersuchung unentbehrlich.

Die Haupt-Absicht unsers Gegners geht dahin, damit er nur zeige, daß die von den Päpsten zu Bekräftigung des Instituts ertheilte Approbationen mehrmalen durch widrige Handlungen wären unterbrochen worden. Er sagt pag. 22 und 23, [„ daß Paulus IV das benlängliche Generalat habe abthun, und auf eine gewisse Zeit herabsetzen wollen; daß „ Laynez durch listigen Betrug diesen Befehl vereitelt habe ; daß er uns

„ter der leeren Vorspieglung, er wäre ein Kind des Gehorsams, förm-
„lich ungehorsam gewesen seye"]. Er setzt hinzu: [„Diese That ist
„ganz sicher, und bekannt aus den Acten der ersten General-Congrega-
„tion"]. Laßt uns nun diese zu Rath ziehen, und sehen, was von einer so frechen Citation zu halten seye. Paulus IV Stifter der Theatiner
hätte längst gewünscht, nach der Verfassung seiner Congregation die Societät eingerichtet zu sehen, wie dann jeder Mensch seine eigene Erfindungen liebt, sonderbar aber lage ihm am Herzen das lebenlängliche Generalat abzustellen. Der kurz darauf erfolgte Tod Ignatii gabe ihm eine recht
erwünschte Gelegenheit dazu; allein was höchstens zu bewundern, hat die
Vorsichtigkeit GOttes das Herz dieses Papsts zu nämlicher Zeit, da die
Jesuiten einen neuen General zu erwählen eben versammelt waren, auf
einmal so umgekehrt, daß er sogleich den Cardinal Paccho zu ihnen ab-
gesendet mit dem Bedeuten, daß sie vielmehr einen auf lebenlang, als nur
auf gewise Jahr daurenden General erwählen sollten. Auf dieses hin haben sie zu solchem Amt ernennt den P. Laynez, einen Mann, welcher wie
Ciaconius in Vitis Pontif. tom. III, col. 720 versichert, wegen wunder-
samer Gelehrtheit, Tugend und Weißheit sehr berühmt ware; Jacobum
Lainium, virum doctrina admirandum, probitate & prudentia cele-
brem in Societatis præsidem elegerunt. Dieser neue General wartete
sogleich mit den Fürnehmsten seines Ordens dem Papst auf, welcher sie
mit vor Freuden thränenden Augen empfangen hat. Kurz darauf fielen
Paulo IV seine ersten Gedanken wieder ein; zu dem End schickte er zu den
noch versammelten Patribus den Cardinal Crane mit dem Antrag, daß sie
nochmal überlegen wollten, ob es zum Besten der Societät unumgänglich
nothwendig seye, daß der General beständig bleibe; sie haben es untersucht und einhellig befunden, daß es zu ihrer Verfassung nothwendig wäre, doch erklärten sie zugleich, daß sie Kinder des Gehorsams, auch bereit wären nach dem Befehl und Willen seiner Heiligkeit sich dießfalls jederzeit zu fügen. Dieses ist die eigentliche Beschaffenheit der ganzen Sach,
wie sie in der ersten Congregation verzeichnet zu finden, als wohin man
mich verwiesen hat. Wo ist aber ein Betrug? ist er auf Seiten des Laynez oder auf Seiten unsers Gegenschreibers? Dieses Räthsel laßt sich
leicht auflösen.

„Pius V der Nachfolger Pauli IV wollte den nämlichen Entwurf
„ausführen" sagt unser Gegner pag. 23. Dieser Mann muß in der
Chronologie sehr schlecht bewandert seyn, daß er zwischen diesen zwey Päpsten Pium IV als das sichtbare Haupt der Kirch nicht soll gesehen haben.
Allein laßt uns auf die Sach selbst kommen. Wir haben gesehen, daß
Paulus IV die Jesuiten zu Theatiner hat machen wollen; was Wunder
ist

ist es, wann Pius V. aus dem Prediger-Orden sie mit den Dominicanern zu vereinbaren gesucht? Unser Gegner sagt weiters: [„ die Jesuiten hätten ihm alles versprochen, aber nicht gehalten"]. Vermuthlich muß unser Parlamentssprecher sich nicht erinnert haben, daß der H. Franciscus Borgia eben dazumal der Societät als General vorgestanden, sonst hätte er vielleicht etwas glimpflicher geredet in Ansehen der Verehrung, welche man diesem Heiligen auf unsern Altären erweiset. Der H. Franciscus Borgia gabe diesem heiligen Papst in allem, was er schuldig ware, nach; und durch diese Willfährigkeit hat er hingegen von ihm alles, was er verlangte, erhalten. Die Jesuiten verehrten die Befehl und Tugend dieses H. Papsts, und der Trost, daß sie Jesuiten bleiben konnten, ware der Lohn ihrer Unterthänigkeit.

Niemal hat die Societät einen größern Lobredner gehabt als eben Papst Pium V. Zu andern uns günstigern Zeiten hätte ich aus Schamhaftigkeit ein Bedenken getragen, seine ausnehmende Lobserhebungen hier anzuführen; allein die ietzige Umstände nöthigen mich zu Belehrung und Beschimpfung unserer Feind sie wenigstens auf Latein hier beyzurucken: Innumerabiles fructus, quos benedicente Domino christiano orbi Societas JEsu, viros literarum præcipue sacrarum scientia, religione, vitâ exemplari, morumque sanctimonia perspicuos, multorum religiosissimos præceptores, ac verbi divini, etiam apud longinquas & barbaras illas nationes, quæ DEUM penitus non noverant, optimos prædicatores & interpretes producendo, felicissime hactenus attulit, & adhuc solicitis studiis afferre non desistit, animo sæpius revolvendo nostro &c. bulla PII V de A. 1568

Nach dem Papst Gregorio XIII, den die Societät jederzeit als ihren zweyten Stifter verehren wird, wollte Sixtus V eine Aenderung mit den Jesuiten vornehmen, und sie aus Clericis Regularibus zu Minoriten machen. Dieser so weit aussehende, zugleich aber ernsthafte Papst, welcher sonst so vieles unternommen, es auch auszuführen gewußt hat, starbe über diesem seinem Vorhaben. Ist es aber ein Fehler auf Seiten der Jesuiten, daß er sich solches habe einfallen lassen? Oder ist es wohl ihnen zur Schand, daß drey Päpst sie zu jenen Ordensständen, aus welchen sie selbst gewesen, ziehen wollten? Solcher Willen zeigt vielmehr bekannte Verdiensten an, welche sie allen dreyen Orden beygesellt zu werden würdig gemacht.

Gregorius XIV, um allen vorgehabten Aenderungen auf einmal abzuhelfen, nachdem er von den zu solchem Werk von Sixto V verordneten Cardinälen den gehörigen Bericht eingeholt, erklärte endlich A. 1591 den wegen dem Capitel, dem Chor, der Kleidung, und der Namensände-

rung vorgehabten Entwurf als unnütz und schädlich. Er erneuerte die von Paulo III, Julio III, und Gregorio XIII dem Institut beygelegte Approbationen, und bestättigte alle in den Constitutionen vorkommende Puncten, welche man einigermaſſen umzuſtoſſen ſich hat einfallen laſſen. Dieſe ſo feyrliche Erklärung hat unſern kleinbrittaniſchen Sprecher ſo aufrühriſch gemacht, daß er alle Ehrforcht und Reſpect, welchen er einem ſo groſſen Kirchenhaupt, und dem allgemeinem Vater der Rechtglaubigen ſchuldig iſt, auf einmal vergeſſen; in völligem Eifer und Zorn, daß ihm ein ſo wichtiger Beſchützer der Jeſuiten im Weg ſtehen ſoll, fangt er an mit den häßlichſten Farben dieſen Papſt abzuſchildern. [„ Dieſer ligiſti-
„ ſche Papſt "], ſagt er pag. 23. [„ welcher mit dem herrſchſüchtigen
„ Aquaviva das Werk des Despotiſmi und lebenslänglichen Generalats
„ vollzogen, und feſtgeſetzt, unter welchem das zeitliche Regiment und
„ Herrſchaft in der Societät der Jeſuiten angefangen "]. Kann man wohl eine übertriebnere Parteylichkeit ſehen? Sixtus V hat viel ſtärker die Ligue unterſtützt als Gregorius XIV; hat weit verfänglichere Denkmal ſeines gegen die Gerechtſame und Unabhängigkeit der Monarchen ſtreittenden Eifers hinterlaſſen als er, und nichts deſtoweniger hat er dieſen mit ſo gehäßigem Nam belegt, nur deswegen, weilen er die Beſtättigung des Inſtituts erneurt; Sixto V aber verſchont, weilen er dem Entwurf einer Abänderung bey den Jeſuiten hat Gehör geben wollen. Wann dieſes kein affectirte Parteylichkeit iſt, ſo möchte ich gern wiſſen, wie man den einem Papſt vor dem andern gegebenen Vorzug, nur damit man des einen Nachruhm ohne alle Nothwendigkeit möchte verdächtig machen, nennen ſoll. Kennt man wohl an ſolcher verſtellten gegen einen Papſt als einen Beſchützer der Jeſuiten geäuſſerten Falſchheit jene friedſame Gedenkensart, welche eine öffentliche Gerichtsperſon von dem gemeinen Pöbel unterſcheiden ſoll?

Ich will meine diesfalls gemachte Anmerkungen nicht weiter treiben, um unſern Gegner in ſeinen unbeſonnenen Erzehlungen näher zu packen. Er ſchreibt die ihm ſo ſehr ans Herz gemachte Fortſetzung des lebenslänglichen Generalats Gregorio XIV zu, da doch dieſer Papſt niemal ein Wort davon gemeldet; dergleichen Generalat ware in der Societät von Anfang bis anjetzo allzeit gebräuchlich, niemal anderſt, und Paulus V hat ſolche Einſetzung beſtättiget; findet man etwas gegen dieſen Papſt einzuwenden? Wenigſtens ware er kein Ligiſt, und erklärte doch ganz freymüthig,
„ daß es nur unruhige Köpf ſeyn müſſten, welche die lebenslängliche Re-
„ gierungsart eines Generals abzuändern, und in ihre Länder einen Com-
„ miſſarium oder beſtändigen Viſitatorem einzuführen trachteten. Eine
„ Aenderung, welche keine andere Abſicht haben kann, als die in der
„ So-

„ Societät bisherige Einigkeit zu stöhren, allerhand Zwistigkeiten zu stif-
„ ten"]. Bulla Pauli V de 4 Sept. 1606.

Ich füge hier bey noch eine andere Allegation, welche er ohne Prob
gegen alle Wahrheit anführt: [„ Clemens VIII "], sagte dieser Author
pag. 24, [„ wollte ihre Regierungsart abändern; die Assistenten sollten
„ 6, und die Provinciales nur 3 Jahr in solchem Amt stehen; die Ge-
„ neral Congregationen aber zu gehöriger Zeit versammlet werden; allein
„ alles wäre umsonst"]. Warum Umsonst? ist dann sein Befehl nicht
genau befolgt worden? er wollte die Assistenten geändert haben, es ist geschehen. Er wollte die Congregationen ordentlich gehalten wissen, es ist
auch geschehen. Er wollte, daß die Provinciales nur 3 Jahr dauren
sollten, es ist auch geschehen, unsere Franzosen sehen selbst den Beweis davon täglich mit Augen. Dieses sind lauter Privatsachen, mit welchen
ich einem Publico nicht länger überlästig seyn will; die Jahrbücher der
Societät thun Meldung davon; in diesen hätte unser Gegner sich erkun-
digen sollen, so hätte er so leicht nicht den Vorwurf sich zugezogen, daß
er in seinen angeführten Erzehlungen unbesonnen seye.

Falsch ist also, was er, eine beständige Reihe mehrer mit dem Institut unzufriedener Päpst herauszubrechsten, sagt, daß Clemens VIII.
ein allgemeine Reformation des Instituts vorgehabt hätte. Das herrliche Zeugniß, so dieser große Papst in einem an Henricum IV wegen Wie-
dereinsetzung der Jesuiten in Frankreich erlassenen Schreiben geäussert
hat, löscht auf einmal aus alle widrige dem Publico dießfalls gemachte
Eindrück. Er sagt also, wie zu lesen hist. Societ. parte V. pag. 121,
[„ Ihro Majestät wissen, mit was für einem Eifer und Inbrunst wir
„ gebetten haben, daß sie die Jesuiten, diese so treue Arbeiter in dem
„ Weinberg des HErrn, in dero Staaten beybehalten, und wann es
„ nöthig ist, wieder herstellen möchten. Die Lieb JEsu Christi, unsere
„ gegen Ihro Majestät tragende väterliche Neigung, der geistliche Nu-
„ tzen dero Königreich treiben mich an solches zu begehren, und die Ehr
„ GOttes, das Heil der Seelen, und dero eigener Ruhm erfodern,
„ daß sie eine geistliche Gesellschaft, welche sowohl der catholischen Reli-
„ gion und Kirch GOttes gedient hat, aus dero Staaten nicht ausschlies-
„ sen, sondern vielmehr, wie ehemalen ganz heilsam geschehen, liebreich
„ beybehalten möchten, damit dieser fruchtbare Weinstock feste Wurzel
„ fasse"]. Welche dieses Schreiben lesen, werden vermuthlich wenig
Staat von der dadurch widerlegten Erzehlung unsers Gegners machen;
meines Theils hab ich ihm vielen Dank, daß er mir Gelegenheit gegeben,
selbiges anführen zu können.

Das Vorhaben die Societät zu reformiren, welches er bey Innocentio

centio X, und Innocentio XIII will gesehen haben, auch einigermaſſen zu verſtehen giebt, iſt eben ſo falſch und erdichtet. Beyde Päpſt haben einige ihnen eingeklagte Puncten ſchlechterdings verachtet: ich werde es in dieſem Stuck ihnen nachmachen. Eine ſich geäuſſert haben ſollende Unzufriedenheit und Mißvergnügen, ſo doch niemal geweſen, verdient nichts als eine Verachtung. Allein der andere Handel Innocentii XI erfodert eine gröſſere Aufmerkſamkeit, welchen er hier wiederum rege gemacht, ſicherlich aber wurde verſchwiegen haben, wann ſeine Unbeſonnenheit ihm zugelaſſen hätte einzuſehen, daß ſolcher der Societät zur Ehr gereichen, und eine Lob- und Schutzrede der Jeſuiten ſeyn wurde.

Innocentius XI ein ſehr tugendhafter, aber in ſeinen gefaßten Schlüſſen unbeweglicher Papſt ſchützte die Biſchöf von Aleth und Pamiers in der die Regalie betreffenden Sach; jedermann iſt der Urſprung, Fortgang, und Ende dieſes ganzen Handels bekannt, und da der römiſche und franzöſiſche Hof über dieſen Punct miteinander ſtritten, haben die Jeſuiten ſich ſo wohl betragen, daß ſie weder in dem pflichtigen Reſpect gegen den apoſtoliſchen Stuhl, noch in dem ſchuldigen Gehorſam und Ergebenheit gegen ihren König ſich jemal vergangen hätten. Endlich hielte der Papſt die Jeſuiten in Frankreich an, ſein zuvor allda unterdrucktes Breve zu verkündigen; ſobald ſie nur dieſen Befehl von Rom empfangen, ſogleich haben ſie dem Parlament Nachricht davon ertheilt. Der erſte Präſident Novion ſowohl, als das ganze Parlament haben über dieſe ſo patriotiſche Vorſicht das höchſte Vergnügen bezeugt. Dieſes Zeugniß ſtehet unfehlbar in ihren Parlamentsacten noch verzeichnet, allein für die Jeſuiten iſt dieſes heutiges Tags nicht genug; ich führe es dann ſelbſten an zur Beſchämung jenes, der bey unſerer Nation die Jeſuiten verdächtig zu machen, ſeine Stimm ſo unbeſonnen hören laßt. Der erſte Präſident Novion antwortete damals den Jeſuiten: [,, daß es ein Glück ,, wäre, daß dergleichen römiſche Briefſchaften in ſo beſcheidene Hände, ,, als die ihrige ſind, gefallen wären, deren Einſicht man nicht leichtlich ,, hintergehen, deren Treue man nicht beſtechen könnte".] Mit ſo vorzüglicher Hochachtung redete er damal dieſe Patres an, und alle Parlamentiſten haben ſie wegen ſolcher Treue und Aufrichtigkeit insbeſonder mit tauſenderley Lobſprüchen erhoben.

Das Vergnügen, welches die Jeſuiten hatten ihr Betragen alſo belobt zu ſehen zu Paris, ware um ſo gröſſer, da der General-Advocat de Pint auch zu Toulouſe bey dem Parlament öffentlich ihren für den König habenden und in nämlicher Gelegenheit ſo wohl bezeigten Eifer und Treue angerühmt hat mit dieſen Worten: [,, wir ſind überzeugt, daß die Je- ,, ſuiten, ohne etwas an der Ehrerbietſamkeit, welche ſie dem apoſtoliſchen

„ ſchen Stuhl gbürdig ſind, erwinden zu laſſen, allzeit ein unverbrüch-
„ liche Treue gegen den König und den Staat erhalten haben "].

Mittlerweil, da ſie ſo ſcheinbare Merkmaal ihrer Ergebenheit gegen ihren Monarchen äuſſerten, wurde der Handel zu Rom von Tag zu
Tag ernſthafter; Innocentius XI ließe durch die Hand des Scharfrich-
ters die A. 1682 von der Cleriſey errichtete 4 Artikel verbrennen, und
benahme zugleich unſern Geſandten das Freyheitsrecht. Die Feind des
apoſtoliſchen Stuhls, die Janſeniſten, haben damals ihren Haß gegen ihn
einzweilen zuruckgehalten, ihr eigenes Vaterland verrathen und verkauft,
damit ſie nur das Vergnügen, den Jeſuiten in dieſer Gelegenheit ſcha-
den zu können, nicht aus der Hand möchten gehen laſſen. Sie ſtellten
dieſe Patres dem Papſt vor als Leut, welche Ludovico XIV beſtändig in
Ohren lägen, die in ſolchem Handel bezeigte ſeine Standhaftigkeit zu ſtär-
ken. In dem erſten Eifer, welchen man mit Wort und Schriften mei-
ſterlich zu ſchärfen gewußt, drohete Innocentius XI, die Societät aufzu-
heben; allein bey dieſer bloſſen Bedrohung bliebe es auch. Nun eigentlich von der Sach zu reden, hätte wohl unſer Gegenſprecher etwas un-
geſchickteres und unbeſonneres thun können, als daß er dieſen Vorgang,
uns bey der ganzen Nation verdächtig zu machen, hat anführen wollen;
welcher doch unſere unverfälſchte gegen den König und den Staat hegende
Treue und Eifer ſo klar bewieſen? hätte er nicht viel beſſer gethan, wann
er Innocentium XI in ſeiner ohne dem kurzen Chronologie der Päpſten,
welche die Societät in weſentlichen Dingen ſollen haben reformiren wollen,
gar hinweg gelaſſen hätte, als daß er ſich als einen Mann gezeigt, der zugleich kalt und warm aus nämlichem Mund blaſen könnte? Niemal ſiehet
man die Paſſion beſſer, als wann ſie ſich ſelbſt aus Uebereilung entgegen
handelt.

Unter den Päpſten, welche unſer Gegner als eben ſo viel Würgengel
der Societät anführt, macht Benedictus XIV den Schluß; nach der
Sag dieſes Sprechers ſoll dieſer Papſt das Schwerd gegen die Jeſuiten
gezuckt haben durch ein dem Cardinal Saldanha zugeſchicktes Breve. Ver-
nünftigere Leut aber urtheilen ganz anderſt aus einer Bull, welche er zu
Begünſtigung der Sodalitäten herausgegeben; eine Bull, in welcher er
alles nur mögliche Lob und Ruhm der Societät und ihrem Inſtitut bey-
geleget. Das bin ich verſichert, wann dieſer Papſt die traurige Folgen
jenes aus Willfährigkeit gegen den König in Portugall ertheilt ſeyn ſollen-
den Brevs, welches unſere Feind zu ihrem Vortheil auslegen wollen,
ſollte überſehen haben, daß er ſolches unfehlbar bereuet hätte; ich habe billige Urſach ſolches zu glauben wegen dem letzten actu, welchen er aus päpſt-
licher Vollmacht in ſeinem Leben unternommen hat; da er den Tag vor
ſei-

seinem Hintritt das Decret, in welchem er die zur Seligsprechung erforderliche heroische Tugenden in P. Francisco de Hieronymo, einem zu Neapel in gegenwärtigem Jahrhundert gestorbenen Missionario aus der Societät anerkennt, noch unterschrieben hat. Ein Institut, welches Heilige erziehet, unterdruckt man so leichterding nicht. Diese Ursach kann wohl einem Encyclopädisten schlecht vorkommen, allein bey einem guten Christen wird sie allzeit großen Eindruck machen.

Diesen unbesonnenen Erzehlungen unsers Gegners könnte ich noch unzählbar andere beyfügen, allein alle zu berühren, habe ich weder Zeit noch Freyheit. Nur zwey will ich noch anmerken, wovon die eine ohne alle Prob ganz verwegen, die andere falsch ist. Er sagt pag. 120, P. Gurret wäre zum Strang verdammt worden; dieses ist falsch. Hat er es nun aus Irrthum gesagt, so ist dieser sehr grob; hat er es aber aus Bosheit ausgestreuet, so ist es gottloß. Einen am Galgen erdroßlen machen, der in seinem Bett ganz ruhig und ungestöhrt gestorben, ist ein wenig zu grob. Der Gegner sagt wiederum pag. 12, die Jesuiten hätten sich in die meiste Collegien des Königreichs [„gewaltthätig eingedrungen "]; an diesem harten Ausdruck sollte man schier meynen, er rede hier von einem barbarischen Einfall der Wandalen, oder von einem gewaltsamen Einbruch der Cimbren und alten Teutschen, den die Jesuiten bey Einnahm ihrer Collegien unterfangen hätten! ganz anderst redet Dupleix hist. de France tom. IV, pag. 350, [„so große Liebsbezeugungen des Königs
„ gegen die Jesuiten haben mehrere Städt bewogen bey seiner Majestät
„ um die Erlaubniß anzuhalten, diese Patres beruffen, und ihnen Collegien zur Auferziehung der Jugend stiften zu dörfen; unter andern Reims,
„ Chartre, Poitiers, Amiens, Moulin, Troyes, Nivers, Vienne,
„ Rennes, Embrun, Sisteron, Beziers nebst den Noviatiathäusern zu
„ Bourdeaux, Rouen, und Lyon, und einem Profeßhauß zu Arles; von
„ dieser Zeit her haben noch mehrere Städt um die nämliche Erlaubniß
„ angesucht, auch meistentheils erhalten "]. Heißt das aber sich selbst mit Gewalt eindringen? Er setzt in einer Anmerkung hinzu, daß man mehr als dreyßig Collegien durch erschlichen Befehl erhascht hätte. Vermuthlich will er hier reden von jenen Collegien, welche mit keinen gerichtlichen Uhrkunden versehen sind; nennt er dieses, so muß er auch alles, was man von dem König ohne Zuziehung und Bekräftigung der Parlamentisten erhaltet, erschlichen nennen; wo käme das hin? Uebrigens sind eben diese nicht patentirte Collegien eine richtige Prob, wie wenigen Gebrauch der von ihm so betitelte stürmische Beichtväter von dem großen Zutrauen seines Königs gemacht habe. Dann wann die Absichten der Jesuiten nur auf die Feststetzung ihrer Collegien gegangen wären, so hätte sicherlich der

P. Le

P. Le Tellier die Zeit, wo er, wie der Gegner aussprengt [„ über Lu-
„ dovicum XIV den Meister spielte, und die Bischöf in der Contribu-
„ tion hatte"], sich zu Nutzen gemacht, diese dreyßig Collegien mit königlichen offenen Briefen bestättigen zu laßen. Was hat sich aber endlich
unser Parlamentsprecher über andere außer seinem Gerichtssprenkel gelegene Häuser zu bekümmern? Sind die drey in seiner Provinz gelegene Collegien mit dergleichen Patenten versehen, so hat er sich um andere nicht zu
bekümmern, nichts mehr zu sprechen. Und treibt er seine Sorgfalt weiter, so zeigt er, daß seine Passion keine Schranken habe.

So gern ich auch hier abbrechen möchte, dem Leser wegen Weitläufig-
keit nicht überlästig zu fallen; so kann ich doch unmöglich das Angedenken
Ludovici des Großen und die Ehr der unter ihm lebenden Bischöfen,
welche mit obigen wenigen Worten unser Gegner so gröblich schimpfet,
ungerochen laßen; ich werde ihren Ruhm suchen zu retten, da ich dem P.
Le Tellier alle Gerechtigkeit, die man ihm absprechen will, widerfahren
laße. Die gegen diesen Pater gemachte Anecdotes, wie jeder auch schlechteste Kenner merken muß, riechen nach dem Ort, wo der Weltgeistliche,
der sie aufgesetzt, erzogen worden. Dieses heut zu Tag der Kirch vollkommen unterwürffige Hauß, hatte dazumal so guten Ruhm nicht bey jenen, welche als gut catholisch gesinnte den der Kirch schuldigen Gehorsam
zu befördern gesucht; ist aber in dergleichen Gelegenheit der Eifer eine Sünd,
so ware P. Le Tellier der größte Böswicht, weilen er in Beförderung dergleichen schuldigen Gehorsams unter allen der eifrigste ware. Seine der
gleichgültig gesinnten Zärtlichkeit unsers Sæculi entgegen gesetzte Lebens-
strengheit mag vielleicht auch etwas zu jenen groben Farben beygetragen haben, mit welchen einige Weltkinder ihn gehäßig abzuschildern gesucht; niemal aber ware er ein Tyrann der Geistlichkeit, niemal hat er die Bischöf
als seine Sclaven tractirt. Dann ware wohl ein Cardinal von Rohan
dazu gemacht, sich von jemand Gesätz vorschreiben zu laßen, der wegen
seiner hohen Geburt und erhabenen Dignitäten jedermann hätte befehlen
können, wann nicht seine Sanft- und Großmuth lieber gefällig als gebie-
terisch zu seyn gewolt hätte? Der Cardinal von Bißy hat niemal seinen
Nam, viel weniger sein Amt so verächtlich erniedriget, daß er von einem
Dorfgeistlichen sich hätte beherrschen laßen. Und was für ein größern
Schimpf kann man wohl unsern Kirchen-Prälaten in Frankreich an-
thun, als da man sie als lauter niederträchtige Seelenhirten vorstellen
will, welche von einem Ordensprieſter wie die Knecht von dem Herrn die
Befehl empfangen hätten.

Ich will nicht hoffen, daß man hier die alte Klagen eines Cardinal
von Noailles wieder aufwärmen werde; die Ursachen seines gehabten Be-

druß und der sich zugezognen königlichen Ungnad sind jedermann nur zu
bekannt. Ich könnte zur ewigen Schand der Jansenisten diese rege machen, und zum unsterblichen Ruhm dieses Cardinals die aufrichtige Erkänntniß und Bereuung seines Fehlers anführen; wann nicht die Ehrforcht und Erkänntlichkeit, welche wir seiner an unserm dermaligen Unstern Theil nehmenden Familie schuldig sind, mir diese christliche Art ihn zu loben, verbieten thäte. Unmöglich aber kann ich ungeahndet lassen die frechste Beschimpfungsart, mit welcher man der Ehr des grösten Monarchen zu nahe tretten will, als wann er, der doch das Ansehen königlicher Majestät höher als jemal einer seiner Vorfahren getrieben hat, sich [„von einem stürmischen, frechen, durch seinen Hohmuth ganz blindem „Menschen"] habe beherrschen lassen. Unmöglich kann ein Franzoß zugeben, daß dieser in allem so große Monarch nur gute, das ist, gemeine Gesinnungen solle geführt haben; welcher doch die erhabenste und weit aussehendeste Absichten jederzeit gezeigt, und auch zu Stand gebracht. Heißt das nicht eben so viel, als wann man mit einem einzigen Federzug die ganze glorreiche Regierung dieses großen Königs auf einmal auslöschen wolle? Könnte man wohl anderst reden von einem einfältigen Carolo VI oder von sonst einigen unserer Königen, welche die Majores Domus vor Zeiten in Zucht und Vormundschaft gehalten?

Allein dahin bringen uns endlich unsere neue Philosophen mit ihrer freyen Denkensart; so bald es nur heißt, man seye gottesförchtig, so ist man in ihren Augen schon ohne Wiz und Verstand; alle Ehr und Ruhm hört dorten auf, wo man anfangt fromm zu; und der Beichtvater muß sogleich für die Handlungen seines Beichtkindes herhalten; man versteht es solche Sprach nur zu wohl. P. le Tellier mußte es entgelten, weilen man öffentlich gegen Ludovicum XIV. loß zu brechen sich nicht getraut.

Nicht gelinder behandelte auch dieser saure Aristarchus zween andere sehr angesehene Jesuiten. Der Ruhm, den sie sich im Königreich erworben, die Hochschätzung, mit welcher man sie in der Stadt sowohl als bey Hof beehret, haben ihm die Gall aufrührisch gemacht. Er tractirt sie so verächtlich, daß wann anderst ein schlechtes Landsurtheil einiges Gewicht hätte, sie auch bey jenen, welche sie höchstens lieben und ehren, allen Credit verlieren solten. Die Schreibensart P. de Neuville, eines Redners, dessen angenehme und allzeit schöne Schreibart die ganze Welt bewundert, ist in seinen Augen nichts als eine armselige Schnurerey. Ein Mann, dessen sittsame Gedenkensart und Menschenlieb ihn jedermann gefällig macht, soll nichts suchen als alle Gerichtshöf und Parlamenten dem König verdächtig zu machen, wie er schreibt pag. 62. und 64. Kann man wohl etwas unbesonnneres denken? Mit den Schriften
gehet

gehet er etwas gelinder um; der unerschrockene Kleinbrittanier fürchtet sich den Löwen aufzuwecken: ne rudis agminum lacessat tactu leonem, quem cruentus per medias rapit ira cædes. Indessen bellt er doch seine Person auch an, er nennt ihn pag. 93 [,, einen Politicum, einen in Lehr-,, sachen ausländisch gesinnten Mann"]. In was für Bücher hat er solches ersehen? Ich kann nicht anderst glauben, die vom Verdruß gerührte Gall muß ihm in das Gesicht geschossen seyn, und die Augen benebelt haben, daß er in einem so gelehrten Authoren dergleichen Ding habe lesen wollen. Die beyden diesen Patribus beygemessene Schutzschriften müssen so schlecht nicht seyn, weilen er sie nicht anderst als mit Lästerungen beantworten kann. Sie sind zwar ohne Nam, weilen ihre Verfasser, sie mögen seyn, wer sie wollen, die Freyheit nicht gehabt sich offentlich zu zeigen; [,,sollen aber diese Schriften deswegen strafmäßig und verbannens-,, würdig seyn"], was werden dann seine Scharteken verdienen, welche sogar ohne Nam des Buchdruckers an das Taglicht gekrochen? Die Vernunft wird ihren Ausspruch darüber geben. Sie hat gesehen, wie hoch er seine Unbesonnenheit getrieben; laßt uns nun auch sehen, wie unrichtig er in seinem Calculiren gewesen.

§. VI.
Seine Rechnungen sind ungeschickt.

Wir leben in einem Jahrhundert, wo man gewaltig mit Rechnungen zu thun hat; kein Wunder ist also, wenn solche Rechnensbegierd sich auch bis in das Heiligthum der lieben Justitz eingeschlichen hat. Da übrigens die Wissenschaft der Zahlen einen großen Einfluß in die von Plato entworfene Republick hat, muß folglich unser Sprecher auch, dem wie er vorgiebt, nichts unbekannt und alles bewußt ist, vorzüglich diesen Theil der Mathematick verstehen. Laßt uns dann sehen, wie hoch seine Kunst in diesem so scheinbaren Theil der Gelehrsamkeit gestiegen.

Er hat das einmal eins in der Hand, und fangt pag. 81 ganz getrost an zu zehlen, 52. Auflagen des Busenbaums ohne alle Forcht einer Widerspruch von wohl weiß, daß die mitgezehlte Edition von 1757. niemalen in der Welt gewesen. Diesen ersten Fehler will ich ihm noch verzeihen, weilen er geht eigentlich nicht das Rechnen, sondern Betriegen an. Gleich darauf fahret er fort zu calculiren, und rechnet aus, daß diese zwey und fünfzig Auflagen mehr als zehen tausend Abdruck des Busenbaum müssen ausgeworfen haben. Sehr wohl! die Rechnung ist gar nicht übertrieben, allein ziemlich einfältig und kindisch; dann 10000 Abdruck auf

auf 52 Auflagen eingetheilt, kommen auf jede Auflag nicht einmal 193 Abdruck heraus; mein wo hat dieser Held doch seine Buchdrucker-Collegia gehört, daß er sogar keine Anfangsgründe vom Buchhandel hat? Das schlechteste Werk, wie sein Compte rendu zum Exempel, ist wenigstens 1500 mal abgedruckt worden, und ich hoffe, daß von gegenwärtiger Schrift (wann ich anderst zehlen kann auf das Vergnügen, mit welchem ein Publicum meine erste Schrift hat beehren wollen), ungefehr sechs tausend Exemplar werden zum Vorschein kommen. Dieses wäre nun der zwote Rechnungsfehler.

Von der Subtraction kommt er zur Multiplication, er findet aus den verschiednen Auflagen aller jener Bücher, welche in den Assertionen angeführt sind, daß bey 1800000 solcher Bücher dermalen in der Welt herum müssen zerstreut stehen, mit dem Beyfügen, daß vielleicht kaum so viel Abdruck heiliger Schrift in der ganzen christlichen Welt werden zu finden seyn. Allem Anscheinen nach ist die Bibliothek unsers Rechenmeisters mit Biblen nicht viel versehen; jedoch was ist solches nöthig? man kann es aus andern Büchersälen wissen. Und ein Liebhaber der Wissenschaften wurde sich schämen, wann er nicht wissen sollte, daß nur der Pensionarius Paw in Holland allein drey hundert verschiedene Exemplar von ganzen Biblen, die besonders aufgelegte einzle Theil davon nicht mitgerechnet, gehabt habe. So muß ich ihn dann belehren, und zu seinem bessern Unterricht sagen, daß wirklich die Bibel schier gar 4000 mal aufgelegt, und auch mehr als acht Millionen Exemplar davon abgedruckt sich vorfinden müssen.

Da diese Entdeckung unsern Rechenmeister vermuthlich nicht sonderbar ansehten wird, so will ich ihm dann ein vielleicht gefälligers Exempel beybringen, welches er auch um so lieber anhören wird, je begieriger er ist den Nam eines Gelehrten zu haben. In der ganzen Welt hat man hören reden von jenem berühmten Engeländer, welcher den Horatium so in Ehren gehalten, daß er mehr als 800 verschiedene Auflagen seiner Bücher zusammen gesammelt; seit seinem Tod aber, sind die Werke Horatii mehr als zweyhundertmal wieder aufgelegt worden; setze ich nun für jede Auflag nur 2000 Abdruck, so haben wir zwey Millionen solcher Bücher, über welche Zahl ich mich eben nicht so sehr, wie unser Rechenmeister über seine zehen tausend Exemplar des Busenbaum verwundern werde. Uebrigens wann dergleichen Zusammenrechnen etwas nutzt, so ist nicht mein Schuld, daß jener, der ein so schlichter Richter ist, seine Rechnung dabey noch nicht gefunden habe.

§. VII.

§. VII.
Der Verfasser ist untreu in seinen Citationen.

Die Untreue eines Schriftstellers hat nicht allzeit den nämlichen Ursprung; zuweilen kommt sie her von dem Verstand, zuweilen von dem Gemüth: die erstere zeigt an die Unwissenheit des Verfassers, die andere sein Naturel und Gemüths-Beschaffenheit; beyde aber machen das Werk und den Werkmeister verächtlich.

Die erste untreue Citation, so ich hier zu tadlen finde, ist eine Wirkung der Unwissenheit; der Gegner meldet pag. 42, [„daß Paulus III A. 1555 „und 1556 den Jesuiten allerhand Vorrecht und Privilegien zugestan„den habe"], ohne zu überlegen, daß dieser Papst schon 1549 tod wäre. Alle, so in der Chronologie der Päpsten bewandert sind, müßten herzlich über solche Ungeschicklichkeit lachen; dann wer konnte sich einbilden, daß ein Papst, wann er die Jesuiten auch noch so lieb gehabt hätte, sieben Jahr nach seinem Tod wieder sollte erstanden seyn, ihnen solche Privilegien zu ertheilen? Allein das ist eine billige Schand für jene, welche aus Mangel eigener Wissenschaft nur andere abcopiren wollen.

Dieser Irrthum wäre ihm endlich noch zu verzeihen, wann er nicht sogleich mit einem gröbern aus Unwissenheit und Boßheit gemachten Fehler wäre angestochen kommen, der ebenfalls die von dem apostolischen Stuhl den Jesuiten ertheilte Privilegien zum Gegenstand hat. Er möchte gern diese als etwas gehäßiges vorstellen; um sie nun den Franzosen verdächtiger zu machen, verlegt er die Ertheilung all solcher päpstlichen Gnaden auf die Zeiten der Ligue, und will sogar, daß solche den Jesuiten als eine Belohnung ihrer damaligen Lasterthaten wären zugestanden worden. [„Man beschuldiget sie"], sagt dieser unparteyische Mann pag. 11, [„daß sie wegen den Strittigkeiten der Päpsten überall Aufruhren und „Empörungen angezettelt; sich in die Bündnissen und Zusammenschwö„rungen gegen die König eingelassen, und dadurch Privilegien ohne Zahl „erworben hätten"].

Hier siehet man die Päpst als Tyrannen, welche in ihrem Solde lauter Meutmacher, Rebellen, und Königsmörder haben, die sich mit Privilegien als baarer Münz abspeiffen ließen. Wie wäre es aber, wann solche Gnaden längst vor der Ligue schon den Jesuiten ertheilt gewesen? Was wird unser Kleinbrittanier zu seiner Entschuldigung wohl vorbringen? hat er es nicht gewußt? so hätte er es zuvor lernen sollen; hat er es aus andern abgeschrieben? so hätte er es untersuchen, und wie versprochen, also widerlegen sollen. Laßt uns aber sehen, ob er nicht zugleich ein

ein Ignorant und schlechter Worthalter seye. Die mehreste Privilegien, so die Jesuiten bekommen, haben sie von Paulo III und Julio III. Dieser letztere ware schon mehr als 10 Jahr tod, ehe die Ligue sich angesponnen; der erste, wie wir kurz vorher gesehn, hat noch 7 Jahr nach seinem Tod auf das Wort unsers Gegners zum Leben erstehen müssen, damit er den Jesuiten noch Privilegien ertheilen könnte; nun kommt einer seiner Thronfolger, welcher aus Forcht, er möchte aus dem Reich der Todten einstens wieder auf die Welt citirt werden, lang voraus dergleichen Privilegien als ein Gehalt seinen zukünftigen ligistischen Spionen soll bezahlt haben. Wahrhaftig der solche Ding traumt, dem muß im Hirn schwindlen.

Andere seine Falschheiten sind von einer ganz erheblichern Art und Gattung: er maßt sich an die apostolische Arbeiten der Jesuiten in den Missionen in Verdacht zu bringen, als wann solche nur aus lauter Geldbegierd von ihnen unternommen würden; sie auch nur in Ländern, wo die Reichthum in Ueberfluß, die Handelschaft am einträglichsten wäre, dergleichen Missionen errichtet hätten. Er citirt zum Beweiß dieses seines Vortrags pag. 12 des Balzac achtes Buch Institution du Prince. Ich will hier unter der Hand nur anmerken, daß Balzac sein Werk nicht in Bücher, sondern nur in Capitel eingetheilt habe; allein laßt uns gleichwohl aufschlagen dieses achte Capitel, ich finde nicht einmal einen Buchstaben, der auch von weitem nur die Jesuiten bedeuten könnte. Alles was Balzac allda meldet, ist nichts als eine unanständige Satyre gegen die König von Spanien, von welchen er sagt: [„ sie suchten das Heil keiner an„ dern Völker als nur jener von Peru und Mexico; keine Goldmünz „ von da käme in Europa, welche nicht das Leben einem Indianer, und „ die gröbste Lasterthat einem Catholischen gekostet hätte"]. Man muß in der That Jesuiten traumen, wann man in dieser Stell sie will gesehen haben. Doch wann dieser gute Mann so fürwitzig gewesen in dem Balzac sie zu finden, warum hat er sie nicht gesucht in folgendem Capitel, wo er das Lob dieser Geistlichen als Beichtvätern Ludovici XIII vorgefunden hätte?

Den Eindruck, welchen diese falsche Citation vielleicht hat machen können, besser zu vereitlen, will ich nur einen einzigen Popliniere anführen, welcher, weilen er ein Protestant ist, unsrem Gegner gar nicht verdächtig seyn kann. [„ Die Spanier"], sagt er hist. de France l. 5, pag. 122, [„ haben gegen den Willen der mit sich genommenen Jesu„ iten und anderer Geistlichen, welche die Lieb und Gelindigkeit allzeit an„ gerathen, die Indianer durch Betrug und unmenschliche Grausam„ keiten, die man kaum glauben kann, unter ihr Joch gebracht"]. Bis
hie-

hieher waren die Jesuiten die Anführer jener Catholischen nicht, von denen Balzac redet; laßt aber sehen, ob sie als Missionarii aus keinem andern — als nur aus Geldbegierd in so weit entlegene wilde Länder geloffen seyn. Der nämliche Author als ein Protestant soll es einem catholisch seyn sollenden Scribenten lehren. L. 2; pag. 62 sagt er: [„zu verschiedenen Zeiten, und in allen christlichen Landschaften, sogar in West- „und Ost-Indien haben die Jesuiten ihren Eifer sehen lassen, und den „Nam ihrer Profession ruhmwürdig gemacht durch ihre wegen ausgestandener Mühe und Arbeit, wegen unternommenen Heldenthaten, „wegen unglaublichen von den Barbaren um des Namens Christi Wil- „len erlittenen Trangsalen erworbene Verdiensten"].

Dieser seiner falschen Citation, welche die ganze Societät betrifft, fügt unser Gegner eine andere bey, deren Falschheit er wegen einem heimlichen Grollen und Widerwillen vielleicht selbst nicht gemerkt, wann er anderst nicht von diesen selbst solche zu wagen verleitet worden; er giebt nämlich pag. 93 und 96 den P. Griffet als den Verfasser des Werks an, welches P. Daniel und P. Dorival verfertiget haben. Vielleicht ist er in ganz Bretagne der einzige, dem unbewußt, daß P. Daniel das Journal von Ludovico XIV und P. Dorival das Abregé aufgesetzt habe. Vielleicht wußte er es auch, allein dieser Irrthum reimte sich besser zu seinen Absichten; ich will sie dermalen ununtersucht lassen, nur dieses sage ich, daß P. Daniel [„weder aus Unwissenheit, noch aus Vergessenheit, noch „aus Gleichgiltigkeit"] mit so kurzen und wenigen Worten die A. 1682 gehaltene Versammlung der Geistlichkeit berühret habe; die Natur und Beschaffenheit seines Werks erfoderte nicht mehr; wie dann auch dieser Historicus andere Begebenheiten, welche sich unter der Regierung Ludovici des Großen zugetragen, durchgehends nur überhaupt angezeiget hat. Beyde diese Jesuiten, welche unser Gegenschreiber bey dieser Gelegenheit erwischt zu haben meynt, haben sonst überall Merkmaal genug ihres für die geheiligte Personen unserer Königen tragenden Eifers hinterlassen; sie haben so kräftig in ihren gelehrten Werken sowohl als ihren anddächtigen Büchern diese Materi abgehandelt, daß man sie in diesem Punct unmöglich wird verdächtig machen können; seine Feder darf sich wenigstens keine Hofnung dazu machen. Und wie darf er solches wagen, da er kurz zuvor pag. 63 selbst gemeldet: [„daß es kein geringes Laster seye, wann „man auch nur den geringsten Unterthan dem König wollte verdächtig „machen."]

Durch diese wenige Stellen meyne ich genug gezeiget zu haben, wie sehr unser Gegenschreiber in seinen Citationen seye; wir wollen nunmehr

§. VIII.

§. VIII.
Der Verfasser ist verwegen in seinen Aufforderungen.

Nun sind wir endlich an dem, daß wir [„ den offentlichen Schimpf und „ Spott, welchen die Assertionen oder die aus unsern Authoribus „ gezogene Lehrsätz überall uns sollen zugezogen haben, von uns abzuleh„ nen suchen, wollen wir anderst nicht, wie unser Gegner "] pag. 83 und 84 meynt, [„ gar ohne alle Rettung all deßen, was man uns an„ schwärzt, überzeugt bleiben "].

Ich bin gezwungen hier eine Materi zu berühren, welche ich weg'n ihren Anzüglichkeiten gern einem andern überlaßen hätte. Doch will ich suchen sie mit aller Mäßigung abzuhandlen als immer die Religion, die guten Sitten, der den Gerichtshöfen schuldige Respect erfodern, und von mir erwarten können. Sollte indeßen etwas widriges bey dieser ohne dem critischen Abhandlung mit einflußen, welches ich als einen wesentlichen Umstand unmöglich auslaßen kann, so wird der vernünftige Richter das gehäßige davon nicht auf uns, sondern auf jenen allein, welcher uns zu schwätzen gezwungen hat, zu werfen wißen; dann dieser ist eigentlich, welcher uns auffodert; bald schmeichelt er uns mit der Hoffnung, daß, wann wir nur einmal anfangen sollten uns zu vertheidigen, wir sogleich als unschuldig wurden erkläret werden; bald schreckt er uns mit der Forcht, daß, wann wir fortfahren zu schweigen, wir unfehlbar aller uns aufgebürdeten Beschuldigungen müßten überzeugt bleiben; bald ladet er uns ganz künstlich ein [„ Gerechtigkeit zu begehren; und im Fall, daß die aus„ gezogene Sätz fälschlich den Authoribus von der Societät sollten bey„ gemeßen worden seyn, die Parlaments-Commißarios, ja das Parla„ ment selbst wegen solchem Betrug zu verklagen "]. Bald darauf thut er boßhafter Weiß uns wiederum abschrecken mit dem Vorgeben, [„ daß „ niemand im Königreich seyn könne, der diesen Auszug als untreu an„ zugeben sich erfrechen sollte "]. Mit einer Hand treibt er uns an, mit der andern stoßt er uns zuruck; so nämlich beliebt ihm mit verfolgten Leuten zu spielen.

Ich laße mich aber von ihm nicht irr machen; ich hab ein wie allemal gehörigen Respect für einen Gerichtshof, welchen man hintergangen, und werde das, was ich ihm, mit jenem was ich uns selbsten schuldig bin, so zu vereinbaren wißen, daß wir dabey unsere Vertheidigung haben, das Parlament aber im geringsten nicht beeinträchtiget werde; als welches, wie es selbst wohl weiß, mehrern Gefahren unterworfen ist wegen verschiednen Bewegursachen, Bericht, und verborgenen Kunst-
grif

greif der Klagenden hintergangen zu werden. Sind die Assertionen-Auszüg nicht aufrichtig, so sind jene, so sie zu machen beordert waren, falsch und untreu gewesen. Ich kenne sie sehr wohl, sie waren keine Parlamentsglieder, auf ihnen allein wird alle Schand liegen bleiben; das einzige, was das Parlament von Paris dabey hat, ist, daß es die Falschheit der Menschen beklage, und in Zukunft sich gegen ihre Fallstrick besser verwahre. Ja es wird diese Leut bemerken, und sich vor ihrem Dienst hüten; es wird Mitleyden mit uns haben, und uns rechtfertigen; es wird sein Urtheil widerruffen, und seinen Ruhm verewigen.

Aus dieser Zuversicht, welche tausendmal mehr als alles Einladen oder Schrecken unsers Gegners mich zu reden antreibt, sage ich nun ganz getröst: daß die Winkelschriften, aus welchen die Extractmacher die Assertionen heraus geschrieben, nämlich die Lettres Provinciales, die Notæ Wendrockii und Pauli Irenæi, die Morale pratique des Jesuites, [„als ehrenrührische, verleimderische und dem Publico schädliche Schriften"] längstens schon durch die Urtheil verschiedener Gerichtshöf zu Rom, und Brüssel; von dem Parlament zu Ay 1657, von dem Staatsrath zu Paris A. 1660, und wiederum von dem Schatelet und de Harlay 1669 verworfen, und zum Feur seyn verdammt worden; daß sonderbar jene Schrift, welche anfangs dieses Jahrhunderts unter dem Nam Artes Jesuiticæ ans Licht gekrochen, und welche berührte Auszugmacher mit zur Vorschrift ihrer Sammlung gebraucht, [„als ein verwegene, „ärgerliche, friedenstöhrerische, mit Lügen und groben Lästerungen angefüllte Schrift"] A. 1703 und 1709 zu Löwen und zu Rom sind gebrandmarkt worden. Allein dergleichen Brandmaal sind nicht genug unsern Gegner zu beschämen, und den Leser vollständig zu begnügen, wann ich nicht schärfer die Sach greiffe.

Ehe ich mich aber weiter einlasse, zumalen da ich diesen Punct nicht völlig auszuführen, sondern nur zu durchgehen gesinnt bin; muß ich, um diese an sich unangenehme Materi in etwas zu erleichtern, vorläufig eine gewisse Ordnung festsetzen. Ich werde also anfänglich die Frag untersuchen, ob die Lehrmeynungen in der Societät überall einig und einhellig seyn; zugleich auch die den Authoribus von der Societät beygelegte Lobsprüch berühren, nachgehends aber werde ich die Boßheit, die Untreue, und die Verfälschungen der Assertionen-Auszüg und dero Verfasser anmerken. Dieses wird der Innhalt meiner Untersuchung seyn, in welcher ich nur das gröbste zu widerlegen gesinnet bin: die völlige Ausführung will ich geschickern Federn, welche mehr Erkänntniß und größere Beyhilf von Büchern als ich haben, überlassen. Indessen werde ich doch soviel davon sagen, als ein Publicum aufzuerbauen, die Societät zu rechtfertigen

und

und den respectablen Gerichtshof, welchen man zu hintergehen gesucht, zum Unwillen zu bewegen, nöthig seyn wird.

Einhelligkeit der Lehr.

Der Apostel wollte, und die ganze Welt sollte es wünschen, daß alle Christen einerley Meynung führten; da aber diese so schöne Einigkeit nur in den die Religion und Vernunft betreffenden Sachen kann und soll beobachtet werden, so bleiben viele Ding zweifelhaft, in welchen mit einer gewissen Freyheit sich zu üben, dem menschlichen Verstand nicht allein erlaubt, sondern auch nutzlich ist; dann durch diese Freyheit allein werden viele nutzliche Ding entdeckt, und durch die gegen einander Haltung verschiedener Meynungen wird endlich die Ungewißheit gehoben.

Was ich schon öfters gemeldet, wiederhole ich nochmalen: in der Societät ist ein Sinn und Lehr in der Religion; von den äussersten Theilen Asiens bis an die letzte Gränzen Europens, in Africa wie in America bekennen wir uns zu einem Glauben an JEsum Christum, wir haben nur eine Lehr des Evangelii, wir lehren nichts anders, als was die catholische, apostolische, und römische Kirch glaubt. Dieses ist der Geist, wie die Extractenmacher tom. I, pag. 18 wiewohl in einem andern Verstand sagen, [„welcher die erste Jesuiten beseelt hat, und welcher bey „uns noch lebt, welchen wir auch, wie wir von der Barmherzigkeit „GOttes hoffen, jederzeit erhalten werden“].

Im Ansehen anderer strittigen, der menschlichen Beurtheilung überlassenen Fragen, halten wir uns an jene Lehr, welche der Vernunft und Erfahreniß uns scheint näher zu kommen, und in dieser Gattung siehet man oft einen Jesuiten des andern Meynung bestreiten. Wußte man allzeit die Wahrheit einer zweifelhaften Sach richtig zu treffen, so würden die Jesuiten die erste seyn solchen Weg einzuschlagen; allein aus Abgang solcher Gewißheit, welche kein Sterblicher noch gefunden zu haben, sich rühmen kann; geht ein jeder aus uns nach seinem vorgesteckten Ziel durch Weg, welche ihm die richtigste zu seyn gedunken; das allgemeine Beste aber ist dabey allzeit die Haupt-Absicht. Und dieses ist, was einen Guldin, einen Gregorium a S. Vincentio, einen Kircherum, Dilana, Scheiner, Riccioli, Decker und so viele andere, welche sich mit vielem Ruhm und Ehr um die Wiederherstellung und Vollkommenheit dunkler Wissenschaften sich bearbeitet, zu so ausnehmender Gelehrtheit und tiefer Einsicht befördert hat. Sie stimmen in ihren Meynungen nicht allzeit überein, sie haben aber allzeit die nämliche Absicht, alle suchen die Wahrheit, und bearbeiten sich insgesamt zum allgemeinen Besten.

Näm-

Nämliche Freyheit zu gedenken findet sich bey den Authoribus in Schullehren, welche von der Kirch noch nicht sind entschieden worden; jedermann weiß, daß in solchen Molina anderst als Henriquez, und Vasquez anderst als Suarez gedacht haben; die Bücher selbst reden, daß Lessius und Tiphaine, Sirmondus und Petavius ganze verschiedene Meynungen gelehret; daß Rebellus, Comitolus, Gonzalez, Gisbert, Antoine, und unzählbar andere Patronen strenger Morale beständig mit einem Escobar, Fagundez, Bauni und andern alten Jesuiten, welche in Ansehen so vieler berühmten Gottsgelehrten von Universitäten, von dem Dominicaner, Franciscauer, und andern Orden sich berechtiget geglaubt, dem Entwurf einer gelindern Sittenlehr zu folgen, im Schulstreit gelegen.

Steckt also ein Betrug, will nicht sagen boßhafte Falschheit dahinter, daß man gegnerischer Seits die ungeheure Verzeichniß der ausgezogenen Lehrsätz, mit dieser verdächtigen Rubrick, [„ Einhelligkeit der Mey„ nungen und Lehren"], hat bemerken wollen; man wollte nämlich dadurch sogleich im ersten Anblick den Leser überreden, als wann alles, was man vorgelegt, die einhellige Lehr und Meynung der ganzen Societät seye. Die Einhelligkeit in Glaubenssachen, wie ich schon gemeldet, ist bey uns ganz vollkommen; allein in willkührlichen Lehr- und Schulsachen stehet es uns frey zu denken, so lang wir vernünftig denken. Alles, was unsere Constitutionen verlangen, ist, daß man niemal etwas schreibe oder lehre, so den von dem mehresten Theil anerkennten Grundsätzen zuwiderlauffe, damit man nicht zum Stein des Anstosses werde. Dann sollte die Societät auch die witzigste Köpf erzogen haben, anbey aber merken, daß eben diese eine der Welt schädliche, ihr aber schimpfliche Lehr führten, wurde sie selbige ohne Anstand von sich stossen; der dimittirte Postel zeigt zu Genügen, wie beständig die Jesuiten jederzeit gewesen auch die erhabenste, aber gefährlich denkende Männer von sich zu entfernen; sie machen sich ein Ehr daraus.

Lob der Authoren.

Das Lob, welches man einem Author beylegt, ist allzeit die Wirkung einer Hochachtung, so man von ihm hat; indessen ist es noch keine Prob, daß man seiner Meynung beypflichte, wie man in dem Assertionen-Auszug will zu verstehen geben. Ein Mann, der sein Leben mit Bücherschreiben zugebracht, verdient ja nicht unbillig nach seinem Tod auch einiges Lob. Bayle fande es sehr recht; nur dieses kame ihm fremd vor, daß man die Gelehrte von der Societät meistentheils nur als heiligmäßige Männer habe anpreisen wollen. Er wußte nämlich nicht, daß die Wissenschaften, in welchen sich andere aus einem Zeitvertreib oder Staat üben,

üben, bey den Jesuiten eine ordentliche Amtspflicht seyen; nun aber halter eine Pflicht das Gemüth allzeit in Schranken und beschäftiget es, da hingegen ein aus Zeitvertreib unternommene Sach ihm gar keinen Zwang anlegt: ein Jesuit kann also unschwer zur Heiligkeit gelangen; da ein aus Fürwitz und zum Zeitvertreib in Wissenschaften sich übender Liebhaber sich ganz unvermerkt in eine Freydenkerey versenken, und also den Weg des Heils verfehlen kann. Die Staatsgelehrten betreffend; so find sie gemeiniglich von sich selbst eingenommen, und alsdann wollen sie entweder wie Aretinus, über ihren Monarchen selbst den Meister spielen, ihn beherrschen, oder aber, wie Saumaise, andere nur als lauter Ignoranten hochmüthig verachten. Die mit der Wissenschaft verknüpfte Tugend ist also bey den Jesuiten keine so fremde Sach, wie Bayle sich eingebildet; und wann man die verstorbene Jesuiten nach den noch lebenden beurtheilen darf, so ist gewiß, daß die Gelehrteste insgemein auch die tugendhafteste seyen. Die liebvolle Tugend eines Cardinal Ptolomdi, die tiefe Demuth eines Benedetti, die ungezwungene Aufrichtigkeit eines Baltus und Outin sind noch in frischer Gedächtniß bey jenen, so sie gekennt und bewundert haben. Und wann die heilige Schrift uns nicht verbotten hätte den Menschen vor seinem End zu loben, was glorreiches könnte ich nicht melden von jenem frommen und gelehrten Schriftsteller, dessen Nam, aus Forcht seine Tugend schamroth zu machen, ich verschweige. Ich gestehe also ganz willig ein, daß die Verzeichnissen eines Ribadeneira, Alegambe und Sotuel die mehreste von den Authoribus der Societät, welche in dem Auszug der Assertionen angeführt sind, loben und anpreisen. Jene aber, so diesen Extract zusammengestoppelt, betriegen sich sehr, wann sie sich daraus einen Vortheil versprechen wollen. Ich frage vor allem: was wollen sie mit ihrer bey jedem Author so oft widerholten Beyschrift zu verstehen geben? [„Der Verfasser dieses Werks ist in den drey Catalogen der Schriftstellern von der Societät, bey Ribadeneira... bey Alegambe... bey Sotuel... mit vielem Lob erhoben worden"]. Zum Exempel Toletus ein Jesuit und Cardinal-Priester der römischen Kirch kommt in ihrem Extract tom. I, pag. 28 und in den 3 andern Theilen verschiedenemal vor [„als eine Probabilist, ein Patron der Simony, des Meineyds, der Lügen, der falschen Zeugniß, des Diebstahls, der heimlichen Bezahltmachung, des Lasters verletzter Majestät, des Königsmords"]. Und bey jedem dieser Artiklen kommt auch eben so vielmal vor eben erwehnte Beyschrift; was wollen sie dadurch sagen? Kan man es wohl diesen Jesuiten übel deuten, daß sie solchen Author gelobt und angerühmt, nachdem ein H. Franciscus Salesius; da er von dem Werk Toleti, welches mit so gehäßigen Namen verschwärzet ist, zu reden

ben

den kommt l. 1, ep. 29, einem Bischof also zuschreibt: [„ damit sie
„ aber ihre Verrichtungen als Bischof recht und vollkommen erfüllen,
„ so nehmen sie zu Hilf und Rath das von den Gewissensfällen handlende
„ Buch des Cardinal Toleti; lesen sie es oft, es ist kurz, leicht, und
„ sicher "]. Nachdem ein Cardinal du Perron, welcher die Lossprechung
Henrici IV zu Rom sollicitirte, diesem großen König, wie in den Oeuvres
diverses dieses Cardinals pag. 859 zu sehen, also zugeschrieben hat:
„ gleichwie ich bey dieser Gelegenheit ohne Sünd Euer Majestät nicht ber-
„ gen kann die unglaubliche Güte des Papsts und seine zarte, recht vä-
„ terliche Neigung gegen höchstdieselbe, welche mir wie ihm mehrmalen
„ die Freudenzähren in die Augen getrieben, noch auch unbemerkt lassen
„ soll die beständige Dienstbeflissenheit seiner Nepoten, mit welcher sie die
„ gute Willensmeynung Ihro Heiligkeit recht kräftig zu unterstützen sich
„ bearbeitet; also wäre ich in der That der undankbarste Mensch von der
„ Welt, wann ich nicht sonderbar hier anrühmen sollte den Diensteifer,
„ mit welchem sich der Cardinal Toletus in diesem ganzen Handel betra-
„ gen hat; dieser Eifer ware so beschaffen, daß er ewig in Ihro Majestät
„ Gedächtniß eingegraben zu seyn verdienet. Dann nebst dem, daß er
„ alle menschliche Absichten beyseit gesetzt sogar, daß er seinen Fürsten,
„ sein Vaterland, seine Verwandten nicht angesehen, daß er alle Be-
„ drohungen, Versprechen, und Anfechtungen verachtet, nur damit er
„ die gerechte Sach Ihro Majestät möchte durchsetzen; so hat er zu deren
„ kräftigern Betreibung mit dem Leib sowohl als seinem Verstand sich so
„ ausserordentliche Mühe gegeben, daß ich mich noch verwundere, wie
„ er es habe ausdauren können, und nicht längstens schon so schweren
„ Mühewaltungen unterlegen seye. Er hatte durch Schriften sowohl als
„ gehaltene Conferenzen unabläßlich zu streiten, die widrig Gesinnte zu
„ überzeugen, die Verstockte zu erweichen; mit einem Wort, er hat diesen
„ Handel mit solchem Eifer, mit solcher Starkmüthigkeit betrieben, daß
„ Euer Majestät von dem Getreuesten und Beherzesten dero Untertha-
„ nen keine größere Proben und Wunderwerk des Eifers hätte hoffen kön-
„ nen. In der That ein Eifer, welcher unserm Geschäft nicht weniger
„ Ehr gemacht, als Nachdruck gegeben hat, wegen dem Ruhm der aus-
„ nehmenden in der ganzen Welt bekannten Gelehrtheit, und zugleich hei-
„ ligmäßigen Lebensart dieses Manns, welcher so auferbäulich, so un-
„ sträflich lebt, daß der Neyd selbst an ihm nichts auszustellen weiß. Euer
„ Majestät müssen sich dieses für ein recht grosses von GOtt zugeschick-
„ tes Glück schätzen, daß dero Tugenden ungeacht so vieler Hindernissen
„ bey diesem Helden ein so grossen Eindruck gemacht, und auf dero Sei-
„ ten gebracht haben; höchstdieselbe aber können billig dem glorreichen
„ Erobe-

„ Eroberungen beyzehlen jene eines nicht allein so gelehrten und frommen,
„ sondern auch so standhaften und heldenmüthigen Manns. Ich kann
„ weder Gedanken noch Wort genug finden ihm nach Verdiensten meine
„ Dankbarkeit zu bezeugen; sein zum Dienst Euer Majestät ausserordent-
„ lich bezeigte Eifer überstiegt alle meine Kräften "].

Nach so ansehnlichen Zeugnissen sind meine Anmerkungen überflüßig. Spöttlich ist es nur für die französische Nation, daß man letzteres Jahr zum erstenmal hat verbrennen lassen die Schriften eines Manns, dessen Tod Henrico IV die Zähren aus den Augen getrieben, und den ganz Frankreich beweint, auch mit feyrlichen Exequien im ganzen Reich zum Zeichen der Hochachtung verehret hat. Vielleicht wird die Nation noch mehr beweinen die Falschheiten, welche ich ihr hier vor Augen legen werde, und von welchen sie sich so schlechterdings hat hintergehen lassen.

Boßheit des Assertionen-Extracts.

Nachdem die Extractmacher einmal diesen Grundsatz vorangesetzt, daß bey den Jesuiten eine einhellige Lehr seye, solche Einhelligkeit auch durch Gesätz bey ihnen befohlen seye; so sind sie weiter gangen, und haben dem Publico einen Auszug ihrer Lehrsätz vorgelegt als einen Beweis, daß die Jesuiten allzeit gewesen, und beständig noch seyen Leut, welche sich auf einen übertriebenen Probabilismum verlegten, der ungezäumten Begierlichkeit durch Entkräftung des Gesätz besser zu schmeicheln; Leut, welche die Vernunft anstatt der Gottheit auffstellten, und durch die angebliche philosophische Sünd die erste Begrif von dem höchsten Wesen und die ihm schuldige Anbettung zu zernichten suchten, welche die Welt in eine unüberwindliche Unwissenheit des Gutes versenkten, und dadurch die sündlich irrende Gewissen entschuldigen wollten; welche Rädelsführer und Patronen alles gästlichen Wuchers und Simony, Lehrer der Gottsläsherungen, Kirchenraubs, Schwarzkunst, Hexerey, und Sterndeuterey, welche auch nur in der Kirch wären, selbige völlig zu untergraben, welche den Unglaub als ihren ersten Grundsatz besser auszubreiten in China und M. tabar selbst wären zu Abgötterer geworden. Sie mahlen die Jesuiten also ab als lauter Freygeister, welche alle Sittenverkehrungen berechtigten, alle Gattungen geiler Unlauterkeit lehreten, zu Bemäntlung gröbster Laster den Meineyd, Lügen, und falsche Zeugniß als erlaubte Mittel vorschlügen, die Richter selbst zu Uebertretter der Gesätz machten, nur damit das Laster frech und ungestraft den Kopf überall empor heben möchte. Wie dann auch bey so ruchlosen Lehrsätzen der Diebstahl, die heimliche Selbstbezahlmachung, die Entwendung gemeiner Gelder endlich zu erlaub-

erlaubten Kunstgriff, der Todschlag, Vater- und Selbst-Mord zu Tugenden, das Laster verletzter Majestät, der Königsmord zu lauter Heldenthaten werden müßten. Dieses ist beyläufig der kurze Innhalt der ganzen Liste jener in dem Assertionen-Extract gesammelten Lehrsätz.

Wahrhaftig wann dieses die Lehr der Jesuiten ist, so sind ein Diagoras, ein Vanini, ein Hobbesius, ein Spinosa, ein Tolandus in Vergleich ihrer nur Narren gewesen! und man sollte in ganz Frankreich, in der ganzen Welt nichts als Scheiterhauffen anzünden diese Böswicht zu Pulver, Staub, und Aschen zu verbrennen. Was soll man aber thun, wann die Extractenmacher durch so ungeheure Abschilderung die Gerichtshöf und das Publicum gottloß betrogen? Soll man es ihnen verzeyhen? die Religion, die Tugend eines Christen, die Ehr des Heldenmuths erfodern und wollen es. Allein da wir auch verbunden sind gegen so abentheurliche Abscheulichkeiten unsere eigene Ehr und Unschuld zu retten, so will ich nur anmerken ihren Unverstand, daß sie nicht einmal die grobe bey dieser ihrer übertriebenen Bosheit geäußerte Abgeschmacktigkeiten gesehen haben; dann hätten sie vernünftig gedacht, so hätten sie ja nothwendig sehen müssen, daß gleichwie eine Republick aus tugendhaften Ungöttereren unmöglich ist, also auch ein Ordensstand aus lauter so ruchlosen Böswichtern, welche schon zweyhundert Jahr bestehen, unmöglich seye; sie hätten sehen müssen, daß dieser so gottloß seyn sollende Orden jederzeit zu viel Heilige, theils von der Kirch verehrte, theils von verschiedenen Völkern gepriesene Männer gehabt, als daß möglich gewesen wäre, so abscheuliche Laster verborgen zu halten; sie hätten sehen müssen, daß dieser so gelehrte Orden jederzeit ganz Verehrens-würdige und in Sitten recht unsträfliche Leut gezehlt, welche wie Maldonatus, Fronton, Dubuc, Sirmond, Petavius, Ptolomäi, Benedetti und andere, jedermann zur Auferbauung gewesen, folglich unmöglich sich zu so gottlosen Boßheiten jemal hätten verstehen wollen oder können. Sie hätten sehen müssen, daß die von dieser gelehrten Gesellschaft aufgelegte Bücher zu viel Ruhm rechter Gedenkensart bey der ehrbaren Welt sich erworben hätten, als daß man sie von so großen Irrthümen angesteckt zu seyn glauben sollte. Sie hätten sehen müssen, daß die öffentliche Unterweisung und Lehr der Societät selbst, welche ungeacht der Fehler einiger Personen, so man verdammet, dannoch allzeit von der ganzen Welt gelobt worden, auch noch heutiges Tags andern vorgetragen wird, eine so vollkommene und unumstößliche Prob der Societät seye, daß in den Augen vernünftiger Menschen alle diese übertriebene Beschuldigungen wie ein leerer Rauch verschwinden müssen. Und da endlich das oberste Kirchenhaupt die Jesuiten zu Rom noch als Pœnitentiarios, die mehreste Mo-

narchanarchen sie als Beichtväter und Gewissensräth beybehalten; können unsere Extractmacher von selbst ermessen, wie wenig man ihnen, und ihren alt-abgenutzten Sammlungen glaubt.

Ich will nicht sagen, daß alle Schriften der Jesuiten ohne Tadel seyen; einige, wie ich selbst eingestanden, sind mit aller Billigkeit verdammt worden, sie waren Menschen und keine Engel; sind also von menschlicher Schwachheit nicht frey gewesen; was aber doch allzeit zu größtem Lob und Ruhm der Jesuiten gereicht, ist, daß jene Authoren unter ihnen, welche auf einigen Irrthum verfallen, niemal Anhänger gehabt, auch solcher Irrthum mit seinem Erfinder erstorben, oder gar auch mit jenem Tag noch, an welchem er angefangen, schon wiederum aufgehört hat.

Wir beklagen uns nur über die Boßheit der Extractmacher, welche mit Fleiß die ohne alle Tadel gewesene Authoren von der Societät verschweigen; mit Fleiß, was einige andere Gutes geschrieben und gelehrt, vertuschen, nur damit sie etliche wenige ihrer Fehler um so scheinbarer möchten geltend machen; wir beklagen uns, daß sie die Ordnung der Zeit zu verkehren, Approbationen, welche niemal gegeben worden, den Büchern anzudichten sich angemaßt; also haben sie die angebliche Auflag des Busenbaum von 1757 ihrem Assertionen-Extract beygeruckt, nur damit sie eine beständige Tradition von mehr Jahren erzwingen möchten; also haben sie auch die Apologie der Casuisten unter die von der Societät approbirte Bücher mitgezehlt, da doch weltkündig ist, daß sie mit ihrer Approbation niemal zum Vorschein gekommen. Wir beklagen uns, daß sie einige ohne allem Arglist ganz aufrichtig hingeschriebene Wort so giftig und ärgerlich ausgelegt; wie sie dann den Ruhm des P. Oudin und P. de la Santé zu entunehren gesucht; beyder Gedenkensart ist noch zu bekannt, als daß man den einen als einen Gönner des Unglaubens, und den andern als einen Königsmörder ansehen sollte. Den ersten beschuldiget man des Unglaubens, weilen er die ächte lateinische Redart histrioniam agere hat mit einfliessen lassen; den zweyten, dessen Aufrichtigkeit und Tugend unsern Franzosen noch in frischer Gedächtniß sind, macht man der verletzten Majestät schuldig, weilen er meldet, daß man Henricum IV nur den Navarreser anfänglich genennt hätte. Allein die dabey gesetzte Wort: parcite invidioso nomini, hätten ihm billig solchen Vorwurf erspahren sollen.

Wir beklagen uns, daß man einige in andern christlichen Staaten erlaubte und berechtigte Gebräuch uns als gefährliche Irrthümer vorwerfen, und zu dero Urheber machen will, da wir doch kaum eine ne Käuntniß davon haben. Ich nehme aus dem gantzen Hauffen der zusammen gestoppelten Assertionen nur zwey Exempel hervor: tom. 3, pag. 71 legt man dem Hurtado übel aus, daß er behaupten will, die eheliche Beywohnung seye vor der priesterlichen Einsegnung nicht unerlaubt. Weiß man dießfalls die Rechte und Gebräuch gewiser Landen nicht, wo man die priesterliche Einsegnung zwar als eine heilige Kirchen-Ceremonie verehrt, allein bey dem Ehe-Contract als nichts wesentliches ansiehet, so hätte man sich dessen sollen belehren lassen; oder aber auch unsern Pontas dörfen aufschlagen, welcher bey dem Wort debitum conjugale bekennt, daß es nicht allein seine, sondern auch anderer Lehrer Meynung wäre; worauf er Navarrum, Cajetanum, Angelum de Clavasio, Dominicum Soto, Covarruvias, Sylvest.r de Prieras, und noch andere mehr citirt, welchen er beyzehlt den Cardinal Toletum, so das nämliche lehrt und zu erweisen sucht aus dem Concilio von Trient, welches sich begnügt die Neuverheurathete zu ermahnen, daß sie die Ehe nicht vollziehen möchten, bis sie die Einsegnung des Priesters empfangen hätten, ohne daß es ihnen doch solches ausdrücklich anbefehlen thäte. Indessen ist dieses eine Frag, deren Aufklärung keineswegs den Ignoranten, sondern Gelehrten zukommt.

Das zweyte Exempel ist entnommen aus dem P. Antoine; die Extractmacher haben ihn tom. III, pag. 240 auf ihre förchterliche Liste gesetzt ohne zu überlegen, daß sie den Pontas miteingeflochten. Antoine lehrt, daß ein Uebelthäter, wann er nicht juridice oder gesätzmäßig befragt wird, nicht schuldig seye sein Laster zu bekennen, daß er die Frag des Richters nicht zwar mit Lügen, doch aber durch undeutliche Beantwortung von sich abwenden könne. Pontas stellt die nämliche Frag bey dem Wort reus und sagt: [„daß, wann der Richter
„den Schuldigen verhört und auf die Frag stellt ohne die von den Rech-
„ten vorgeschriebene Reglen, welche man in blutgerichtlichen Verhör
„halten soll, zu beobachten; der Schuldige ihn als seinen rechtmäßi-
„gen Obern zu erkennen, folglich ihm zu gehorsamen nicht verbunden
„seye; weilen der Richter als ein rechtmäßige Obrigkeit des Beklag-
„ten nicht zu halten ist; es seye dann, daß er die Realen, welche ihm
„das Gesatz vorschreibt, in seinem Verfahren und Richteramt beob-
„achtet. Aus welchem dann folgt, daß dieser Mensch unter einer Tod-
„sünd nicht gehalten seye die Wahrheit dem Richter in solchem Fall
„zu gestehen; dannoch ist ihm auch nicht erlaubt, mit Lügen solche zu
„verheelen"]. Dieser Pontas führt zur Bekräftigung seiner Meynung an den H. Thomam; die Jesuiten halten in diesem Stuck die nämliche Lehr mit dem H. Thoma und dem Pontas, und warum beband.

handlet man sie doch so verschiedentlich? Warum laßt man diese ungeahndet, und zapft nur jene an?

Wir beklagen uns, daß sie sich gegenwärtiger Umstände bedienen, und ihre dunkle halbvergessene Irrthümer wieder aufzustellen, und sie als lauter Siegszeichen über die verfallene Societät zu erheben sich erkühnen. Was für eine gezwungene Weiß und Manier zeigt man nicht in dem Extract, da man mit einer so scherzenden Annehmlichkeit die Frag von der unüberwindlichen oder unsträflichen Unwissenheit abhandelt? Die Paßion hat die Extractmacher so weit verblendet, daß sie nicht einmal gesehen, daß all dasjenige, was sie den Jesuiten von Bourges tom. II, pag. 56 vorgeworfen, durch den richterlichen Ausspruch Alexandri VIII selbst unterstützt seye. Dieser Papst hat den Lehrsatz: [„daß eine unüberwindliche Unwissenheit des Gesatz der Natur von „der Sünd nicht entschuldige"], verdammt; so haben dann die Jesuiten von Bourges nicht unrecht gehabt zu lehren, daß die unüberwindliche Unwissenheit sogar des Gesatz der Natur selbst, von der Sünd entschuldige. Die Jesuiten von Bourges sagen: Invincibilis quidem ignorantia eam (libertatem) tollit penitus, sed simul excusat hominem a peccato, etiam si de jure naturali foret. Der von Alexandro verdammte Lehrsatz aber ist: tametsi detur ignorantia invincibilis juris naturæ, hæc in statu naturæ lapsæ operantem ex ipsa non excusat a peccato formali.

Auf den nämlichen Ausspruch des Papsts ist gegründet, was P. Bougeant in seinem Catechismo gelehrt, und die Extractmacher tom. II, pag. 15 b. schnarchen wollen. Mit einem Platscher werde ich hier zwey Mucken schlagen; ich werde die Nichtigkeit dieser gegen die Jesuiten gemachten Beschuldigung dem Publico vorlegen, und zugleich dem kleinbrittanischen Sprecher zeigen, daß wir Catechismos haben.

[„Ist es nothwendig"], fragt P. Bougeant, [„daß die sünd„hafte Hantlung freywillig seye, so ist es dann auch nothwendig, „daß der Sünder wisse, daß seine Hantlung eine Sünd seye; dann „ohne diese Erkänntniß hat er keinen freyen Willen zu sündigen"]. Auf diese Frag giebt er folgende Antwort: [„dieses ist wahr, und „eben das macht, daß die Unwissenheit sogar des natürlichen Gesatz „zuweilen von der Sünd entschuldige. Man muß aber wohl mer„ken, daß solche Unwissenheit, welche von einer Sünd entschuldiget, „ganz und gar unfreywillig und unüberwindlich seyn müsse. Dann „sollte man seine Pflichten nicht wissen nur darum, weilen man rach„lößig gewesen sich besser zu belehren wie Achab, welcher den Pro„pheten Michäam nicht wollte um Rath fragen, weilen dieser Prophet
„nichts

„ nichts als Uebels prophezeyhte; so entschuldiget dergleichen Unwissen-
„ heit niemal von der Sünd; nur allein die unüberwindliche Unwissen-
„ heit ist unsträflich, wann man nämlich nicht hat lernen können,
„ noch auch ein Zweifel einem eingefallen ist, ob die That, welche
„ man thut, verbotten seye"].

Ich thäte kein End finden, wann ich alle über die unüberwindliche Unwissenheit gemachte Sätz, welche man mit Unrecht unter die gefährliche und schädliche Lehren in dem Extract mit eingeruckt, hier anmerken sollte. Die theologischer Weiß gleichgiltige Handlungen, das ist, welche weder eine ewige Belohnung, noch ewige Straff verdienen: zum Exempel, das von einem Ungläubigen gereichte Almosen, oder zu Steur der Wahrheit von ihm abgelegte Zeugniß, wie auch der Probabilismus, wie er in den catholischen Schulen gelehrt wird, sind ebenfalls in dem Extract so weitläufig tractirte Sachen, daß sie allein ein großes Buch erfoderten, welcher Arbeit ich mich aber nicht unterziehen will noch kann; andere viel geschicktere Männer als ich, werden besorgt seyn jene vollkommen zu schanden zu machen, welche die Justitz und ein Publicum mit ihren Erfindungen betrogen haben. Nur dieses will ich noch melden, daß um die in solcher Matery überhäufte Sätz recht beurtheilen zu können, der geneigte Leser sich überhaupt erinnere, daß Gregorius XIII diese Proposition Baji verdamt habe: sicut opus malum ex natura sua est mortis æternæ meritorium, sic bonum opus ex natura sua est vitæ æternæ meritorium. [„ Gleichwie alle böse Handlung aus ihrer Natur die Höll verdient,
„ also verdient jede gute Handlung aus ihrer Natur den Himmel"].
Weiters daß das Concilium von Trient sess. 6, can. 7 über jene den Fluch ausgesprochen, [„ welche sagen werden, daß alle vor der Ge-
„ rechtfertigung gethane Handlungen Sünden seyen"]. Siquis dixerit opera omnia, quæ ante justificationem fiunt, quacunque ratione facta sint, vere esse peccata, anathema sit. Daß endlich Alexander VIII mit Bannstrahlen niedergeschlagen den Lehrsatz: [„ daß
„ es nicht erlaubt seye nach einer wahrscheinlichen, oder unter den
„ wahrscheinlichen noch der wahrscheinlichsten Meynung zu handlen"]: non licet sequi opinionem probabilem, vel inter probabiles probabilissimam. Nimmt man aus der Dialectick die regulas contradictoriarum zur Hand, so wird der Leser unschwer finden, was für eine ungeheure Menge Blätter in diesem unrichtigen Assertionen-Auszug, welcher die actus indifferentes und allen Probabilismum unter die gefährliche und schädliche Lehrsätz geworfen, auszulöschen seye. Diese Regeln werden auch jenen, welche ein wahre Einsicht haben, ganz

könnte

kännlich zeigen die Jansenisten-Hand, so diesen Auszug zusammen getragen. Dieses ist nun, was ich zum Trost und Unterricht jenen ertheile, welche die v.er Theil der Extractmachern anfänglich so sehr, aber ohne Grund, in Forcht gesetzt. Nach diesen meinen Anmerkungen fallt auf einmal das erste Buch dieses Assertionen-Auszug ganz hinweg, und der zweyte Theil wird bis auf einige sehr wenige Blätter reducirt. Allein diese Anmerkung dient den Extractmachern gar nicht in ihren Kram, und so aufrichtig zu handlen ware auch ihre Meynung nicht, indessen haben wir doch allzeit Ursach, uns über diese ihre Bosheit zu beklagen, und das um so mehr, weilen, nachdem doch so viele Schriften zum Vorschein gekommen, welche die Sittenlehr der Jesuiten auf das kräftigste vertheidiget, sie heutiges Tags den zu verehrenden Nam der heiligen Justitz sogar vorschützen wollen, unter solchem all neue und alte Verleimdungen gegen uns ausspeyen zu können. Ich wollte niemand rathen, daß er jemand anderst als die Jesuiten so grob ungerecht behandlen sollte, es wurde ihm übel gelohnt werden; den Jesuiten allein darf man heut zu Tag alles arge sagen, alle Ungerechtigkeiten und Lästerungen ungestraft vorwerfen; ja man berechtiget noch unsere Feind dazu, haben wir nicht billigste Ursach uns zu beklagen? Allein was ich bishero gesagt, ist noch nichts in Vergleich dessen, wie man uns noch ferner behandelt; man wird den übertriebnen Haß unserer Feinden noch mehr sehen an der Untreue, mit welcher sie ihren Assertionen-Auszug zusammen gestückelt haben.

Untreue des Assertionen-Auszug.

Eine Untreue nenne ich hier jene eingeschobene Punctirungen, welche die Extractmacher mit Fleiß anstatt der Nämen jener Authoren, welche keine Jesuiten sind, angesetzt, nur damit sie der Societät allein tausenderley Meynungen zu Last brächten, welche, ehe sie noch auf der Welt ware, schon im Brauch gewesen. Eine tom. I, pag. 32 angeführte Stell des Salas kann uns zum Muster dienen, sie lautet also: Mihi ... magis placet sententia Henrici ... Valquez ... Antonii Perez ... docentium homini imperito &c., in dieser Stell nun hat man ganz künstlich Conrad einen Doctoren von Tübingen, und Sayr einen Engländischen Benedictiner, zwey uralte Theologen mit lauter Puncten vertuscht, nur damit man den Jesuiten allein dergleichen Lehr andichten möchte. Und da man Henricum von Gent allda genennt, geschahe es aus einem Versehen, weilen man ihn

ihn für **Henriquez** den Jesuiten, wie ich sogleich zeigen werde, genommen hat. Die dritte Stell des Salas tom. I, tract. 8, sect. 7, pag. 1208 ist: Mihi tamen magis placet sententia Henrici quodl. 4, q. 33. Conrad de contract., quæst. ult., con. 2, casu 1. Vasquez disp. 61, c. 8 & Antonius Perez certam. 10 schol. num. 66 & Sayr infra docentium homini imperito &c. Auf solche Art aber die Text stümmlen, andere Authoren supprimiren um alles gehäßige den Jesuiten allein aufzubürden, ist das keine Untreue? Indessen ist diese unartige Weiß zu punctiren wohl über zweyhundertmal in den vier Theilen des Assertionen-Auszugs wiederholt worden. Ja man darf recklich darauf zehlen, daß schier überall, wo man nur dergleichen Puncten sieht, eine Untreue verborgen stecke.

Eine Untreue nenne ich jene Irrungen, welche ärger als der Text selbsten sind; wo man die angeregte Authoren ganz verstaltet, sie nach zwey auch drey Säculis wieder zum Leben erstehen macht, nur damit sie den Hauffen gehäßiger Namen und Meynungen, welche man der Societät andicht, möchten vergößern helfen.

Die Prob haben wir an dem nämlichen Text des Salas; in dem Assertionen-Auszug nimmt man **Henriquez** den Jesuiten für Henricum von Gent, als den Authoren des Quodlibeti Theologici, dieser aber ware A. 1293 schon tod, mußte also dieser gute Flammänder nach drey Säculis auf einmal wieder lebendig werden, den Doctorspelz ablegen, ein Jesuiten-Rock anziehen. Dieser ist der einzige nicht, dergleichen Metamorphosirungen sind den Extractmachern nichts neues; wie sie dann auch aus einem Franciscaner Ovando auf einmal einen Jesuiten Oviedo gemacht haben. So grobe, obschon weniger als andere, vorkommende Irrthümer zeigen genug, wie wenig man sich auf die Treue der Assertionen-Auszüge verlassen könne.

Diesem wissentlichen Irrthum setzen die Extractmacher mit Vorbedacht bey eine Untreue, welche sie mir gewiß nicht ungerochen sollten hingehen lassen, wann ich mich so grob, wie sie, hätte vergessen können. Die Prob giebt der nämliche Salas. Nicht ohne sonderbare Schickung GOttes ist es, daß ein einziges seiner Bücher mir Mittel an die Hand giebt die Extractmacher dreyer Falschheiten zu überzeugen. Dieser Jesuit, welcher seine Metaphysick in Aussinnung möglicher Gewissensfäll ein wenig zu hoch getrieben, erdachte unter andern einen, welcher in der That recht lachenswürdig ware, den er aber so geschwind wieder aus seinen Schriften ausgemustert, daß nicht einmal eine Spuhr mehr davon wäre übrig geblieben, wann nicht einige Exemplar seinem scharffsinnigen Aug entwischt wären. Salas untersuchet diesen Casum:

ob

ob man als giltig könnte ansehen die Ehe eines Geistlichen, welcher eine wahrhafte Wahrscheinlichkeit von einer Offenbahrung hätte, daß GOtt mit ihm in dem allgemeinen Gesatz dispensirt habe. Gregorius Esclapes, der erste Assertionen-Sammler, ungeacht er die Jesuiten rasend verfolgte, ware wenigstens noch so aufrichtig, daß er gestunden, diese Stell wäre nur in einigen, nicht in allen Exemplaren erster Auflag zu finden, in den folgenden Editionen aber gar nicht mehr zu sehen; nichts destoweniger tractirt ihn doch D. Juan del Aguila, welcher dieses Esclapes Betrüge wiederlegt, als einen Verleumder und Calumnianten in seiner Satisfacion breve, Pamplona 1653, pag. 7, weilen er sich erfrecht einen Text noch anzuführen, den der Author selbst dazumal schon wiederruffen hatte. Was wurde del Aguila sagen, wann er sehen sollte, daß mehr als 100 Jahr darnach die nämliche Verleumdung mit noch größerer Frechheit und wenigerm Grund wieder aufgewärmt worden? Oder was wird vielmehr jener sagen, welcher so frech sich hat verlauten lassen, daß in gantz Franckreich niemand seyn könne, [„ der das Hertz hätte zu sagen, daß diese Assertionen-Auszüge unrichtig seyen "]. Wann man in einem einzigen Punct drey Falschheiten findet, braucht es nicht viel Hertz einen Lügen zu bestraffen.

Eine Untreue nenne ich jene verkünstelte Auslassungen in den angeführten Stellen, durch welche man die Wahrheit einer Sach zu verdrehen sucht. Ich nemme zum Muster jenes, was man tom. I, pag. 148 in den Assertionen-Auszügen den P. Zaccaria sprechen macht. Dieser Schriftsteller soll gesagt haben, daß die Ausdrücke des Generals Vitelleschi, da er den Jesuiten vorgeschrieben in wahrscheinlichen Dingen jederzeit die sicherste Meynungen zu halten, den heutigen Tutiorismum gar nicht hätten bedeuten wollen, sondern pur allein die sichere Meynungen, oder, wie sich in dieser Sach Vitelleschi selbst erklärt, jene Lehren, welche durch den Beyfall sehr großer und angesehener Lehrer unterstützt wären, zum Gegenstand gehabt hätten; daß aber eben dieser der Probabilismus, wie er von den fürnehmsten Theologen der Societet behauptet worden, dazumal gewesen wäre; folglich dann auch der General Vitelleschi gewollt habe, daß seine Jesuiten Probabilisten seyn sollten. Was ist schlechter, was lächerlicher, als dergleichen Folgerungen? Es sind aber auch nicht die von P. Zaccaria gemachte, sondern von den Extractmachern gezimmerte Folgerungen, welche Leut das Halbe seiner Stell auslassen, und das Gantze verfälschet haben, entweder aus Lieb zu den Dominicanern oder aus Haß gegen die Jesuiten. Zaccaria probirt dem Dominicaner Concina, daß Vitelleschi niemal den heu heutigen Tutiorismum in die Societät eingeführt habe: zu dessen Beweiß bedient er sich der Worten dieses Generals selbsten, welcher für die sicherste Meynungen jene haltet, welche von mehrern berühmten und angesehnen Lehrern unterstützt wären. Auf dieses hin nimmt er an die Eingeständniß des Concina, welcher geschrieben, daß dazumal [„mehrere berühmte und sehr angesehene Lehrer"] aus den Dominicanern und Jesuiten andere Theologen mit sich auf die Lehr des Probabilismi gezogen hätten. Er folgert also gegen diesen Concina, daß Vitellesch dazumal dann nicht den Tutiorismum, sondern Probabilismum verstanden habe, und die Jesuiten nur erst nach dem Beyspiel der berühmtesten Thomisten, Medina, Lopez, und Bannez zu Probabilisten geworden seyen. Den ganzen Handel besser einzusehen, und den wundersamen Gebrauch der von Extractmachern eingeschobnen Puncten, mit welchen sie ihre Auslassungen im Text ersetzet, leichter zu erkennen, wäre nicht undienlich nachzuholen den P. Zaccaria in seiner storia letteraria tom V, l. 2, pag. 401 und den Assertionen-Auszug tom. I, pag. 248, wo die Gegeneinanderhaltung den groben Betrug veroffenbahret.

Eine Ungreue nenne ich auch jene abentheurliche Zusammensetzung verschiedner Bücher und Materien, wo man aus verschiednen Stellen nur einen einzigen Text zusammenschmidet, dadurch aber mehr die Religion als die Jesuiten berunglimpft. Man darf nur das 83 und 84 Blat des dritten Theils der Assertionen-Auszüge aufschlagen; man wird allda die unaussprechliche Reinigkeit Mariä in dem Geheimniß der Menschwerdung Christi, wovon Sanchez im ersten Buch redet, verknüpft sehen mit dem, was er zwey gantze Bücher darnach von den schändlichsten Paßionen der Menschen spricht. Item auf dem 84ten Blat, nach diesen Worten: multi contrarium tenent, läßt man die Authoren aus, welche zum ächten Begrif der Frag nöthig waren; nachgehends citirt man auf einmal Suarez, das Buch oder Blat aber zeigt man nicht an, aus Forcht, man möchte nachschlagen, und ihre der Extractmacher grobe Falschheit entdecken; wie dann Suarez in der That von der göttlichen Mutterschaft mit so erleichtem Geist und erhabner Andacht redet, die seinen Ruhm in allen Schulen weit und breit verherrlichet haben; die Extractmacher aber ewig zu schanden machen wird. Die ganze Stell dieser Schullehr Suaresii, welche hier anzuführen zu weitläufig fallen würde, kann man abgehandelt lesen bey ihm p. 3. q. 32, a. 1, disp. 10, sect. 1, pag. 104, edit. Lugd. 1614. Dises muß ich noch erinnern hier, daß der Gottsgelehrte del Aguila rüstig genug schon den Sanchez und Suarez gegen des

Esclapes Anzapfungen geschützt und gerochen habe, welcher Jesuitenfeind doch jederzeit mit mehr Mäßigung und Wohlstand, als die
Extractmacher seine Copisten, sie behandelt hat.

Eine Untreue nenne ich jene Folianten-mäßige Sammlungen,
welche man [„ über die Chinesische und Malabarische Abgötterey, vol-
k Ceremonien"] zusammen getragen, und einen guten Theil des
2ten und 3ten Tom des Assertionen-Auszugs ausmachen. Mann raf-
fet alles zusammen, und bürdet es den Jesuiten auf, was nur jemal gegen die Mißionarios anderer Orden und Stände allda gehandelt worden. Man verschweigt mit Fleiß die von den Jesuiten jederzeit ertheilte Zeugnissen ihrer Treue und Gehorsams gegen den apostolischen Stuhl, nur damit man sie desto gehäßiger abschildern kann.
Die chinesische Händel werde ich hier nicht berühren, die darinn ge-
wechselte Schriften, welche in die ganze Welt ausgestreuet herumfah-
ren, sind nur zuviel bekannt; zudem hat die Lebensgeschicht Clementis XI die Gesinnungen und Betragen der Jesuiten ins vollkommene
Licht zu ihrer Rechtfertigung gesetzt. Sind die Fehler einiger Privat-
personen nicht unbekannt, so weiß man doch auch, daß die mehreste
allzeit gehorsam gewesen, und endlich alle sich den von dem heiligen
Stuhl ergangnen Decreten unterzogen haben.

Allein wegen der malabarischen Abgöttereysach muß ich etwas mehrers melden, und da ich die Jesuiten von Indien zu vertheidigen suche, werde ich zugleich ebenfalls alle Mißionarios in Orient rechtfertigen. Die Welt zu überreden, als wann Jesuiten auf den malabarischen Aberglaub sich verlegt, beständig den päpstlichen Decreten sich
aufrührisch widersetzt hätten, hauffet man zusammen einen Auszug
nach dem andern aus der von Benedicto XIV A. 1744 gegebnen
Bull, Omnium solicitudinum; man laßt aber mit Fleiß aus die wesentliche Stell, nämlich das Zeugniß, welches der heilige Vater selbst
der Unterthänigkeit und dem Gehorsam der Jesuiten darinn beygelegt;
ein Gehorsam, welcher durch die zu Rom 1745 gedruckte und Benedicto XIV dedicirte malabarische Kirchengeschichten bestättiget wird,
wo der Verfasser Joannes Facundus Raulin Ordinis Eremitarum
S. Augustini Exgeneralis, nachdem er das Zeugniß dieses Papsts
miteingeruckt pag. 507 bekennt: daß er die Originalschriften der Eyds-
formlen, welche die Mißionarien der Societät aus Orient zu Be-
zeugung ihres Gehorsams eingeschickt, selbst eingesehen habe; und
obwohlen andere Ordensgeistliche die ihrige auch eingesendet, so habe er sie doch nicht zu Gesicht bekommen. Nach solchen Streichen
was

was soll man von den Extractmachern denken, welche die Gerechtigkeit und Gerichtshöfe so schändlich betrogen, sie gegen die, für die Wahrheit und Kündigkeit der Sach um Gerechtigkeit ruffende Schriften in Harnisch gebracht, so, daß diese sogar dergleichen Schutzreden als lauter Schriften erklärt, [,, welche jene Päpst, die nach und "nach die Bullen Ex illa die, Ex quo singulari, und Omnium ,,sollicitudinum als eben so viele unkräftige Mittel gegen die Abgöt,,terey, Aergernissen, und Ausschweiffungen dieser unbändigen Mis,,fionarien abgefaßt, nur beschimpfen thäten"]. Mit so schönen Ehrentiteln hat man diese Seeleneiferer in einem zu Rouen den 2 Julii 1762 ergangenen Arret, in welchem des Bischofs von Puy Schreiben zum Feur verdammt worden, beleget. Wann dieses recht bischöfliche Schreiben einen Vertheidiger vonnöthen hätte, wollte ich sogleich meine zu unserm und unserer Angelegenheiten Schutz hier angesetzte Feder beyseit legen, solche Rettung vorzunehmen, als zu welcher ich nicht weniger Antrieb in meinem Gemüth, als Ursachen in seinem Eifer finden sollte. Allein ein schlechtes Provinz-Ansuchen und Requisition hat nicht viel zu bedeuten, die Nachkommenschaft wird auch nicht nach dieser mit Gall und rasendem Zorn angefüllten Schrift den Verdienst und Werth eines von wahrhaft bischöflichem Kirchengeist eingegebnen Schreibens beurtheilen. Der König hat es als ein solches gefunden, und ein Gerichtshof hat es verdammt; dieser Vorgang ist das größte Lob, so man ihm geben kann.

Ich thäte mich nicht begnügen eine nur so geringe Zahl solcher Falschheiten zu erwehnen, wann ich eben so viel Beyhilf und Zeit, als guten Willen und Mittel hätte, solches zu thun. Ich bitte also den Leser, er wolle sich nicht einbilden, als wann ich diese Materi völlig erschöpft hätte, doch meyne, indessen zu seiner Belehrung und der Extractmacher Verdemüthigung genug gesagt zu haben.

Verfälschungen.

Die Parlamentsräth werden sich über diesen blossen Nam entsetzen, deren strenge und löbliche Gerechtigkeit nicht einmal jenen Parthyen zu verschonen weiß, welche sogar nur eine Vergessenheit oder Nachlässigkeit veranlasset hat. Jedermann weiß, mit was für einer Vorsicht die Notarii umgehen, auch nur ein einziges Wort in den Actis publicis zu ersetzen; so viel Personen dabey interessirt sind, so viele Handzüge und Unterschriften erfodert man; bleibt eine einzige Formalität aus, so ist die Schrift verdächtig, wird oft verworfen, manchesmal auch als falsch verdammt. Die Untreue der Menschen hat solche Behutsamkeit den Gesatzgebern angerathen, und die Richter bestraffen jene, so sie vernachläßigen. Wann nun die Justitz in Sachen, welche nur das zeitliche Gut eines Privatmenschen betreffen, so genau ist, wie streng und gewissenhaft muß sie nicht seyn, da es um die Ehr und das Wohl eines ganzen Ordensstands zu thun ist? Es ist gar kein Zweifel, daß der Verehrungswürdige Gerichtshof, dessen wachtsames Aug man zu hintergehen gewußt, aus der entsetzlich angeschwollnen List der Assertionen, jene würde ausgemustert haben, in welchen er die geringste Verfälschung nur sollte gefunden haben. Allein wie ist es möglich, daß er in so kurzer Zeit und in einer so weitsichtigen Materi durch sich selbst alles hätte einsehen, und ob dieser Zusammenhang von Texten nicht verfälscht wäre, sich hätte versichern können. Eine königliche Bibliotheck und ganzes Jahr hätten dazu kaum erkleckt; es können also Verfälschungen darinn seyn, ohne daß die Parlamentsräth einigen Antheil oder Schuld daran haben. Kann man also, ohne ihnen zu mißfallen, sie keck untersuchen, ihr Zorn und Unwillen kann nur über jene falsche Hand sich ausgießen, von welchen sie betrogen worden.

Durch die Verfälschung verstehe ich hier die Vertuschung eines Theils von einem Text, welcher dient entweder den wahren Verstand des Authoren zu erläutern, oder seine Meynung zu rechtfertigen; nach dieser Vorschrift will ich nun einige Stück aus dem Auszug untersuchen; es sind zwar die wichtigste oder falscheste nicht, allein sie sind mir sogleich in das Aug gefallen, habe auch die nöthige Bücher an der Hand ihre Verfälschung zu erweisen.

Der erste, so mir vorkommt, ist P. Daniel; man will ihne tom. 3, pag. 65 dem Publico vormahlen, als einen Jesuit, welcher die Billigkeit des seinem Orden wegen den chinesischen Abgöttereyen gemachten Vorwurfs soll eingestanden haben. Die ganze Stell, wie in seinem Recueil des ouvrages Philosophiques & Theologiques tom. 1, pag. 440 enthalten, lege ich zur Prob vor. Was aber nach den von mir gemachten Tüpfeln folget, haben die Extractmacher vertuscht. Ein Blinder sogar muß ihre Falschheit dießfalls greifen.

„ Dieser Artikel von der Abgötterey ist unter allen in den
„ Lettres provinciales enthaltenen Puncten für die Jesuiten der er-
„ schrecklichste, ich habe ihnen mehrmalen gesagt, daß solches ein
„ Vorwurf allen Lastern seye; dann ist dieses wahr, so wird alles,
„ was

„ was man wer sagen kann, glaubwürdig, oder scheint wenigstens
„ nicht unglaublich zu seyn. .... Allein erweißt man hingegen auch
„ die Falschheit dieses Vorwurfs, so ist ebenfalls nichts, welches
„ die Wuth und Raserey der Feinden dieser Societät deutlicher und
„ augenscheinlicher veroffenbahret; nichts, welches allen ehrbaren Ge-
„ müthern die Gall kräftiger rühren kann als eben diese so gottlose
„ Falschheit."]. Lese man nun diese letztere nach den Päpsten gesetzte, von den Extractmachern aber boshafter Weiß vertuschte Zeilen
mit den vorhergehenden zusammen, und sehe, ob P. Daniel jemal
gedacht zu sagen, daß seine Societät die Abgötterey berechtige.

Die Verfälschung, die man tom. IV, pag. 332 mit dem Werk
des P. Davrigny vorgenommen, ist noch viel gröber und abgeschmack-
ter; dieser Author wird mit der nur den Extractmachern ganz eigen-
thümlichen Falschheit behandelt. Er hatte zu genau die Bildung und
Eigenschaften ihrer Helden abgeschildert, als daß sie sich nicht an ihm hätten
rächen sollen. Drey Proben ihrer Verfälschung habe ich vor mir. Davrigni erzehlt die Geschicht des Suarez; die Extractmacher, aus Hoffnung die Grundsätze eines portugesischen Schriftstellers diesem französischen
Geschichtschreiber andichten zu können, haben selbige dem Publico auf alle
Art gesucht bekannt zu machen; haben aber in drey seiner Stellen vertuscht, was ihn auch bey den feindseligsten Neidern hätte entschuldigen müssen. Die erste Verfälschung bestehet darinn; Davrigni meldet in seinen Memoires chronologiques tom. I, pag. 198 von Suarez, [„ daß er den Geistlichen sonderbare Vorrecht, und den Päp-
„ sten einen Gewalt über das Zeitliche der Königen beygelegt"] Bey
diesem lassen es die Extractmacher beruhen, und jene wesentliche gleich
darauf folgende Wort aber, [„ wir aber machen uns eine besondere
„ Profession daraus, solche Ding nicht anzunehmen"], lassen sie völlig
aus. Diese besondere Profession nämlich, weilen sie sich auf das Vorhaben die Jesuiten den Franzosen gehäßig zu machen nicht schicken wollte, taugte ihnen dazu nicht; haben also lieber alles kürzer packen
und einige Zeilen auslassen, als den Jesuiten, deren Untergang man
geschworen, ein paar günstige Wort mehr zu gefallen reden wollen.

Die zweyte nicht weniger bedenkliche Verfälschung bestehet darinn.
[„ Der ganzen Welt ist bekannt"], sagt Davrigni in angezogner
Stell, [„ daß jene, welche die Gerechtsame der Päpsten auch noch
„ so hoch treiben, an nichts wenigers denken als jene abscheuliche
„ Folgen, welche die Bewegungsgründ der gegen sie ergangnen Ar-
„ rets sind, anzunehmen; allein das Parlament von Paris fahrt
„ ein

„ ein wie den andern Weg fort, solche Folgen aus ihren Grundsä-
„ tzen abzuleiten, welches dann auch seinen Eifer schärfet mit desto
„ grösserm Nachdruck gegen diese Lehr und dero Authoren sich zu er-
„ heben, je mehrere Gleichgiltigkeit wegen dergleichen Lehrsätzen die
„ benachbarte Länder sehen lassen "]. Diese paar Wort [„ abscheu-
„ liche Folgen "] sahe man nicht gern in dem Mund eines Jesuiten,
was ware dann zu thun? Man hat den ganzen Text, welcher in
ihren Kram nicht diente, vertuschet. Und wer weiß, ob man nicht
auch feindlicher Seits froh gewesen den Franzosen eine Anmerkung
zu erspahren, welche sie sich in Ablesung dieser Wort, [„ daß die
„ benachbarte Länder mehr Gleichgiltigkeit sehen lassen wegen der Frag
„ von dem Gewalt des Papsts "] hätten können einfallen lassen;
ein Anmerkung, welche ihren für die Person und Gerechtsame des
Königs hegenden Eifer nicht gemindert, und diese doch gegen alle
deswegen zu beförchtende Eingrif hätte sicher stellen können; dann
andere Potentaten lieben eben so sehr ihre Personen und die Gerechtsame ihrer Kron, als wie die König in Frankreich; indessen sieht man
doch nicht, daß sie sich, wie wir, wegen dem Gewalt des römischen Hofs sich viel graue Haar thäten wachsen lassen; ein auslän-
discher Staatsminister machte vor einigen Jahren eine wegen vorge-
gangnen Umständen so natürliche Reflexion darüber, daß ich sie hier,
weilen sie dem Leser von selbst einfallen muß, zu verzeichnen unnöthig
finde.

Die dritte Verfälschung der Extract-machern fangt an in der Mi-
te des 201 Blats der Memoires chronologiques, wo sie, was Davrigni allda beygefügt, ganz vertuschen, alles bis auf die Mitte des
202 Blats überhupfen, und ihren Artikel schliessen. Ich lege hier
die Stell ganz vor, die sie so geflissentlich dem Leser haben verbergen wollen. [„ Der für die Gerechtsame der Kron und die Hoheit
„ seines Königs so sehr beciferte Cardinal Richelieu will, daß man
„ in dieser Materi nicht glauben soll jenen, welche durch einen über-
„ triebnen Eifer sich offentlich für den römischen Hof erklären, noch
„ auch unsern königlichen Gerichtsräthen, welche, wie er sagt, insge-
„ mein den Gewalt unserer Königen nach ihrer Kron, welche, weilen
„ sie rund, ohne End ist, abmessen wollen; sondern Leuten soll man
„ in dieser Sach glauben, welche so gelehrt, daß sie sich durch Unwissenheit
„ nicht betriegen, so aufrichtig und redlich, daß sie sich weder durch die
„ französische noch römische Gerechtsame verblinden, gegen die Ver-
„ nunft irr machen lassen." Schwer ist es nur so billig denkende Men-
„ schen

„ schen zu finden, und wann es dergleichen in der Welt auch gebte,
„ so wäre man deswegen doch noch nicht gesichert, ob man sie auch
„ gefunden. Die Lehr der Ausländer über gewise Artikel kommet uns
„ vor als eine in Schmeicheleyen übertriebene Lehr; diese hingegen
„ würdigen sich kaum wegen eben den nämlichen Artiklen uns als Ca-
„ tholische zu halten"]. Bey dieser vertuschten Stell sieht man nur
zuviel, warum die Extractmacher sie ausgelassen; der Leser wird bey
der Gedenkensart dieses für das Ansehen seines Königs so eifersüchtigen Ministers auch angemerkt haben, wie er jene, welche diesfalls
alles übertrieben, table oder wenigstens verlache; er wird auch gesehen haben, daß P. Davrigni die ausländische Meynung über den
quästionirten Artikel als [„ eine mit Schmicheleyen übertriebene Lehr
„ angebe"], sich aber unter die Zahl derjenigen setze, welche von
den nämlichen Ausländern [„ kaum für Catholische wollen angesehen
„ werden"].

Diese drey Verfälschungen finden sich nur allein auf zwey oder
dritthalb Blätter beysammen; wahr ist es, sie probiren nichts als
lauter gleichgiltige Ding; indessen erweisen sie doch allzeit augenscheinlich die gute Gesinnungen des P. Davrigny, und die Falschheit der
Extractmacher. Die, so sich die Mühe geben sollten, sein Buch selbst
einzusehen, werden nicht ohne Erstaunen sich verwundern, wie man
diesen Jesuiten unter die Zahl der Königsmörder zu stecken sich habe
können einfallen lassen. Auf diese Art dörfte man in Zukunft keine
Histori mehr schreiben; es wäre dann Sach, daß man bey jeder Zeil
still stehe, seine Glaubensbekänntniß erneuere, die Verfluchens-würdi-
ge Lehrsätz abschwöre. Der General Aquaviva scheint, er habe solches
vorgesehen, da er das Decret, über diese Materi nichts, es wäre
dann zuvor zu Rom revidirt worden, zu schreiben oder drucken zu
lassen, aufgesetzt hat. Dieser weise General sahe ohne Zweifel vor,
da er sein Verbott abgefaßt, daß jederzeit sich unbillige Leut finden
würden, welche die Jesuiten, als hätten sie entweder in Abhandlung
dieser Materi zuviel gesagt, oder aber die mordsüchtige Grundsätz nicht
genugsam bestritten, anzuklagen sich würden beygehen lassen. So unbillig auch dergleichen Leut seyn sollten, so bin ich versichert, daß sie
gegen die Art, mit welcher P. Davrigni seine eigene Meynung erkläret, nichts werden einzuwenden finden. Er sagt am 116 und 117
Blat auf das Jahr 1610: [„ ich glaube nicht, daß eine abscheuli-
„ chere Lehr seyn könne als jene, welche sagt, daß es zuweilen er-
„ laubt seye die König zu ermorden, so unordentlich sie auch immer
„ le-

„ leben, so bleiben sie doch allzeit die Gesalbte des HErrn. Wie grim-
„ mig hat nicht Saul den David verfolgt? Und dannoch hätte sich
„ niemal dieser Mann nach dem Herzen GOttes unterstanden, Hand
„ an ihn anzulegen. Dieses Beyspiel hätten billig alle christliche Leh-
„ rer vor Augen haben sollen; indessen findet man unter den Secti-
„ rer sowohl als Catholischen sehr viele, welche von den unordentli-
„ chen Leydenschaften ihres Herzens, oder von den übertriebnen Schul-
„ subtilitäten sich auf die Meynung haben verleiten lassen, daß man
„ seine mörderische Hand in dem Blut eines unter dem gehäßigen Nam
„ eines Tyrannens beruffenen Königs waschen könnte. Milton, wel-
„ cher die grausame Unthat der Engeländer des an Carolo I ausge-
„ übten Königsmords zu vertheidigen sucht, behauptet, daß er nichts,
„ was nicht mit der Lehr der berühmtesten Protestanten übereinstim-
„ te, angeführt habe. Johannes Petit Doctor von der Sorbon,
„ dessen Lehrsatz das Concilium von Costanz verdammt, ist nicht der
„ alleinige, der sich für diese mörderische Lehr zu erklären erfrecht hat.
„ Man weiß, was für eine Gedenkensart in Ansehen dieser Lehr der
„ berühmte Gerson, Jacobus Almain, Richer, Johannes Boucher,
„ die man heutiges Tags noch mit so vielen Lobsprüchen erhebt, ge-
„ hegt haben. Der erstere verdient in der That wegen seiner From-
„ keit und erhabner Wissenschaft vieles Lob; es ist auch glaublich,
„ daß er entweder seine Meynung dißfalls übel ausgedruckt, oder
„ den Folgen solcher Lehr nicht recht nachgedacht, oder die Falschheit
„ der Grundsätz nicht genug eingesehen, welche ihn zu solcher Mey-
„ nung verleitet haben. Ich will nichts sagen von so vielen andern,
„ welche Jacobum Clement, der Henricum III gottloser Weiß ermor-
„ det, sogar haben canonisiren wollen; die Sorbon versammelte sich
„ außerordentlich zu solchem Ehrentriumph den Anfang zu machen,
„ und unter so vielen Doctoren, welche sich bey dieser Versammlung
„ eingefunden, ware nur der einzige Johannes Poitevin, welcher sich
„ diesem Unternehmen widersetzte. Mit was Geschrey und Gelächter
„ aber hat man nicht seinen Widerspruch aufgenommen? Ein toll-
„ sinniger Haß verdunkelte dazumal alle noch so erleichtete Begrif und
„ Gedenkensart. Allein diese so grobe Verblendung hat ein End,
„ die Meynungen dauren zuweilen nur eine kurze Zeit wie die Mo-
„ den, doch ist erstaunlich, daß, da die Schrift und die Vernunft
„ so klar sich äussern, diese Lehr dannoch Platz finde, und jene, wel-
„ che man wie das Gesetz und die Propheten um Rath fragen soll,

„verblendet haben. Dieses zeigt nur zuviel, daß die Einsicht des
„Menschen eben so blöd seye, als seine Vorsicht stumpf ist"].

Dieses sind nun die Ausdrücke des von den Extractmachern so
betitelten Königsmörders Dabrigni. Will man von den Jesuiten, ihre gute Gesinnungen zu erklären, noch mehr, so erwarten sie eine Vorschrift; wenigstens haben sie bis hieher eine bessere noch nicht gefunden. Nun komme ich zu einer Verfälschung von einer ganz andern Art.

Jene, welche die Lieb GOttes mehr in dem Mund als Herzen
führen, haben bishero die Catholische zu bereden gesucht, als wann
die Jesuiten aus den zehen Gebotten GOttes das Gebott der Lieb ausgemustert hätten. Pascal hat seine dießfalls gemachte Vorwürf mit
scherzender Annehmlichkeit dem Leser gefällig vorgetragen; die Extractmacher haben sie tom. II, pag. 144 durch Verfälschungen glaubwürdiger machen wollen, haben sie aber eben deswegen nur um so unangeneh-
mer und verächtlicher gemacht.

Sie führen, ihren Vorwurf zu erhärten, eine Stell an aus dem
P. Gordon, wo er sagt: [„Ich halte dafür, daß es so leicht nicht
„seye die Zeit zu bestimmen, wann das Gebott der Liebe verbinde;
„gewiß ist es, daß es eine Schuldigkeit seye; allein was die dazu be-
„stimmte Zeit betrifft, ungewiß"]. Existimo non posse facile de-
signari tempus, quo obliget hoc præceptum (charitatis) certum
quidem est esse obligationem, sed de tempore definito satis incer-
tum. Aus diesen Worten nun wollen sie erzwingen, als wann dieser
Jesuit die Schuldigkeit GOtt zu lieben so gar weit nicht habe treiben
wollen, und jenen Authoren nahe käme, welche gelehrt, daß man kaum
im ganzen Leben einen Act der Liebe GOttes zu erwecken schuldig wäre.
Sieht man aber den ganzen Zusammenhang der Abhandlungen dieses
Casuisten ein, so sieht man sogleich auch, wie boshaft die Extractmacher sich zu verstellen, alles zu verfälschen wissen. Ich lege hier bey,
wie er diese Materi in seiner Theologia morali tom. II, col. 1329,
woher die obangezogene Stell genommen, abhandle.

„1. Widerlegt er jene, so dafür halten, daß man nur am End
des Lebens einen Act der Lieb GOttes zu erwecken schuldig wäre. [„Es
„ist ganz und gar unmöglich"], sagt er, [„daß dieses so fürtreffliche,
„diese größte Gebott im übrigen ganzen Leben nicht verbinden soll,
„indeme die Liebe GOttes die Richtschnur unserer Handlungen seyn
„soll." Itaque est impossibile hoc nobile & maximum præceptum
nunquam in tota reliqua vita habere suam obligationem, cum
amor DEI debeat esse norma nostrarum actionum.

2. Lehrt er, daß man die Lieb GOttes zu erwecken schuldig seye, wann es um die Ueberwindung einer großen Anfechtung zu thun ist, welches gewißlich mehrmal im Leben vorkommt. Cum homo necessario orat ad vincendam gravem tentationem.

3. Sagt er, daß man zu solchem Act der Lieb GOttes verbunden seye, wann man eine Reu und Leyd zu erwecken benöthiget ist: cum homo eget actu contricionis.

5. Merkt er an, daß gleichwie GOtt zu lieben eine Schuldigkeit ist, also auch eine Zeit seyn müsse, zu welcher solche Schuldigkeit müsse befolgt werden. Sicut habet suam obligationem, ita habet suum tempus. Uebrigens aber gestehet er ein, daß man auf das genaueste solche Zeit, auch alle Fäll, wann dieses Gebott der Lieb GOttes muß durch Erweckung eines Acts befolgt werden, nicht bestimmen könne; indem die Gebott, welche etwas anbefehlen, nicht allzeit für allzeit verbindeten, wie jene, welche etwas verbieten.

Wären die Extractmacher aufrichtiger zu Werk gegangen, und hätten dem Publico diese eben besagte Puncten alle vorgelegt; so hätte jedermann gesehen, daß P. Gordon nichts anders lehre, als was insgemein die beste Casuisten von dem Gebott der Lieb auch gelehrt haben, und daß er nur in den Augen jener falschen Schwermgeister, welche alle Jesuiten gern schuldig finden wollten, strafmäßig seyn könne. Die Extractmacher sind von dieser Gattung, man sieht es genug an dem, daß sie nur die drey erste Zeilen aus dem P. Gordon mit Vertuschung alles übrigen haben wollen bekannt machen. Wo ist aber ein noch so guter Author, den man nicht auf solche Art verdächtig machen, oder boshaft vorstellen könnte?

Auf nämliche Art haben sie auch in ihrem Assertionen-Buch tom. II, pag. 158 behandelt einen Escobar. Dieser Casuist untersucht die Frag: ob wegen einer großen Forcht einem die Administrirung der Sacramenten zu simuliren erlaubt seye. Er probirt und erweißt, daß dergleichen Verstellung nicht erlaubt seye; indessen da Ferdinandus de Castro Palao die Meynung jener, welche behaupten, daß man in solchem Fall sich anstellen könnte, als thäte man die Sacramenten administriren, als [„ eine freye und verwegene Lehr"] tarirt hat; sagt Escobar, daß solche Censur ihm zu scharf und zu hart vorkomme; maßen viele angesehene Gottsgelehrte solche Meynung gehalten hätten, dum lego graves Doctores affirmantes. Hätten die Extractmacher mit guter Treue und Glauben diese Wort und Ursach mit angeführt; so hätten sie auch gemerkt, daß Escobar also nur einige Achtung für die Personen so angesehener Doctoren, nicht aber für ihre Lehrsätz bezeiget habe; allein sie hätten ihn aber-
auch

ach jugleich mißtraute, einen Jesuiten dem Publico auffstellen können, welcher mit den Sacramenten nur spielen wollte. Escobar tadelt nur die eigenmächtige Censur des Castro Palao, welcher [„ als frech und verwegen "] solche Lehre zu bestraffen sich anmasset; da er inzwischen selbst solche ihre Meynung bestreitet und widerlegt; wo ist aber hier etwas unrechtes? Stehet es wohl Privattheologen, wie Castro Palao ist, zu, eigenmächtig als frech und verwegen Lehrsätz zu qualificiren, welche weder von der Kirch, noch von den theologischen Facultäten mit dergleichen Nam jemal beleget worden? Es ist wohl gethan, wann man Meynungen, die man für unrecht hältet, zu widerlegen sucht, wie es in dieser Gelegenheit Escobar gethan; allein die Strafwörter [„ einer frechen und verwegenen ": Lehre "] zu gebrauchen, kommt nur jenen zu, welche das Recht haben eine Lehre zu verdammen. Und dieses ist, was jeder bescheidene und Billigkeit liebende Mann, wann er den Escobar liest, denken muß, als in welchem auch von weitem nichts ist, so den Namen eines Ungläubens, wie der Artikel in dem Assertionen-Auszug andeutet, verdienen könnte. Allein man darf nichts anders gewärtig seyn von jenen, welche kaum schwarze Farben genug finden können, wann es um die Jesuiten abzuschildern zu thun ist. Escobar beklaget sich ehemalen gantz artig darüber, sagend: die Frantzosen thäten ihn zu gelind finden und desswegen zu den Jurien bis in die Höll verbannen; die Spanier hingegen hielten ihn für zu streng, und droheten ihm mit der Inquisition.

Diesen falschen Beschuldigungen muß ich eine besondere Verfälschung beysetzen, welche in die Lehr reiner Sitten einschlagt. Dieser Nam allein zeigt schon, wie behutsam man in solcher Materi gehen müsse. Die Casuisten überhaupt haben dergleichen Fragen abgehandelt nicht aus der Absicht, jedermann ohne Unterschied sie vorzulegen, sondern pur allein zum Unterricht der Beichtvätter sie zu erörteren. Manchesmal wäre es freylich besser gewesen, wann sie sich bloß an den allgemeinen Grundsätzen und daraus gezogenen Folgen, ohne sich in so unzahlbar mögliche eintzige Fäll einzulassen, gehalten, die mit großer Mühe gesammelte Menge aller besondern Umständen in ihren Büchern unterschlagen, die besondere Entscheidungen der Urtheil vernünfftiger Beichtvätter überlassen hätten. Indessen ist weder die ausserordentliche Meng der Casuisten, noch die Uebermaß ihrer Lehren eine Ursach, sie gar zu gelinder Sittenlehr zu beschuldigen. Die Menge und Uebermaaß an sich selbst ist einigen Mangel bescheidener Klugheit, niemahls aber einen Fehler in der Lehr, so lang man sich in den Schranken rechter Grundsätzen hält. Daß jemand mit Recht als ein gar zu gelinder Casuist genennt werde, so muß er entweder gar zu gelinde Grund-

selbst erfunden, oder von andern geborgt haben. Uebrigens kann die böse Gewohnheit gar zu weitläufig die schlüpferige Sittenlehr auszuwecken oder auch gar zu erschöpfen, den Jesuiten allein mit Billigkeit nicht beygemessen werden, sie haben in diesem wie in andern Puncten Doctoren aus allen Ständen und Nationen der Welt zu Wegweiser und Vorgänger gehabt; der Beweiß ergiebt sich aus ihren Citationen, mit welchen sie ihre Lehr und Proben mit Anführung alter und neuer Authoren als mit eben so vielen Bürgen und Zeugen erhärtet haben. Besser wäre es zwar, dergleichen Materi wäre in ewiger Vergessenheit begraben geblieben; allein die Frechheit der Assertionen-Auszüge nöthiget mir eine Rechtfertigung ab, welche ich wegen Schlüpfrigkeit der Sach selbst ungern unterfange, indessen doch mit schuldiger Ehrbarkeit nur obenhin berühren werde purè allein die grobe Verfälschung und Bosheit der Extractmacher zu erweisen.

Unter den Lehrsätzen, welche die Extractmacher in ihrem dritten Tom unter dem Artikel von der Unlauterkeit beygebracht, halte ich mich an jenen, den sie pag. 85 dem Sanchez beymessen wollen. Dieser Author stellt tom. 3, l. 9, disp. 17, pag. 217 de matrimonio drey Fragen auf; die Extractmacher nach guter Gewohnheit führen nur einen Theil von dem, was er auf die erste Frag antwortet, an; sie vertuschen ebenfalls die zweyte Frag, das ist, die umständliche Erklärung des Casus, und setzen nur einen Theil der von Sanchez gegebnen Antwort hinzu, aber so künstlich, daß der Leser im ersten Anblick glauben sollte (wie es auch die Absicht der Extractmachern ware), daß die Antwort des Sanchez die Entscheidung des ersten Casus wäre, da sie doch in der That auf den zweyten Fall nur sich beziehet; was kann man wohl fälschers denken?

Zweytens ist sicher, daß jenes, so mit diesen Worten anfangt, Rogabis forsan, und sich endiget prima tamen conclusio, die Lehr des Sanchez gar nicht seye; er führt allda nur an die Meynung eines Authoren, den er widerlegt. Dieses ist wiederum ein Sach, welche, wann man nur die zwey lateinische Text der Extractmachern und des Sanchez gegen einander halten will, der Assertionen-Sammler boshafte Falschheit nur zu viel veroffenbahret. Zum Erstaunen sieht man, mit was für unverschämter Affectation diese Leut bey dem Wort ad voluptatem auf einmal absetzen, den Leser dadurch zu überreden, als wenn Sanchez solche höchst verderbliche Lehr führte, welche doch nicht seine, sondern des Nabarri und Ovandi-Meynung gewesen. Die Nothwendigkeit dergleichen Unsittereyen haltet mich an die Vertheidigung des Sanchez weiter zu treiben. Sein ganzer Text, welchen die Extractmacher nach dem Wort ad voluptatem, und also anfangt, Ceterum viris doctissimis a me consultis visum est

culpam

culpam esse letalem &c. geflissentlich und boshafter Weiß ausgelassen haben, kann für mich den Ausschlag geben, sie aber muß er höchstens beschämen, indem Sanchez eben diese ihm so frech angedichtete Meynung allda förmlich widerlegt. Dieses will ich nur noch erinnert haben, daß die Extractmacher, wann sie anderst einer ehrbaren Gedenkensart noch fähig sind, sich von solcher Verfälschung hätten sollen abschrecken lassen durch den Titel selbst, welchen Sanchez dieser seiner Abhandlung voran gesetzt, und also lautet: Refertur quædam quæstio & refutatur; [„ein sonderbare Frag wird hier vorgetragen, und widerlegt"].

Bey diesem will ich es nun bewenden lassen; die Herausforderung unsers Gegners erfoderte nicht einmal so viel, und für die wenige Zeit sowohl, die ich dazu angewendet, als auch die geringe Beyhilf der Büchern in einer Provinz, welche, da sie solche verbrennen wollte, die nöthige Exemplar zum Brand nicht einmal auftreiben konnte, hab ich genug gesagt. Was wird jener aber jetzt sagen, welcher, da er mich auf den Assertionen-Auszug zu antworten so gewaltig aufgefodert, sich stellte, als wäre mir unmöglich zu erweisen, daß sein Werk ein aus Falschheiten zusammen gestückeltes Buch seye? Entweder muß er sich zehlen unter diejenige, [„die blindtings glauben"], wie er pag. 83 selbst meldet, oder [„unter jene Blödsinnige, welchen nicht einfallen kann, an etwas zu zweiflen"].

Ob er diese Assertionen zu Einholung nöthiger Erkänntniß alle gelesen, weiß ich nicht; er sagt, er habe den Auszug aufgeschlagen, und ich sage noch mehr: er hat auch das einzige Blat, auf welchem die gehässige Titulaturen, mit welchen die Extractmacher uns belegen, verzeichnet stehen, nach der Ordnung gelesen, er hat eine nach der andern abgezehlt, und seine Advocatenmütze in dieser Gelegenheit nicht wenig zu Hilf gezogen. Ist dieses aber für einen Parlamentisten, wann er anderst einer ist, genug? Hätte er nicht wenigstens den Grund einiger dieser Sätzen, welche die Natur selbst revoltiren, untersuchen sollen? Allein er hat gefürchtet, er möchte anfangen zu zweiflen, und deswegen als blödsinnig angesehen werden. Meinetwegen kann er sich, weilen er nicht gezweifelt, einen Titel beylegen, den er nur immer will oder verdienet.

Ich wiederhole hier zum Beschluß nochmalen die anfangs gegenwärtigen Artikels gemachte Protestation; der erlauchte Gerichtshof, obschon man ihn schändlich hintergangen, verliert deswegen bey uns von jenem Respect nichts, den wir ihm schuldig sind; er ist gehalten in dergleichen Materien sich auf das Urtheil vernünftiger und in theologischen Sachen erfahrener Männer zu beziehen; haben ihn diese betrogen, so hat er sich nichts vorzuwerfen, als daß er sich in seiner Wahl habe betriegen lassen; gleichwie aber bey Menschen aus Abgang richtiger Maaßregeln dergleichen Irrungen in der Wahl nichts neues, so ist allzeit genug, wann man nur seinen Fehler bereuet und verbessert. Ich habe auch das Zutrauen zur Billigkeit unserer Parlamenteräth, daß bey dergleichen ihrem respectablen Nam zu nahe tretenden Betrügereyen, eben diese Reue in ihrem Gemüth den wenigsten Anstand finden werde; wie ich dann aus nämlicher Zuversicht hoffe, daß sie mir die von unserer Lehr ertheilte Erklärung sowohl, als die von dem groben Betrug und Untreue unserer Feinden ganz aufrichtig gemachte Entdeckung nicht verüblen werden.

Den kleinbrittanischen Sprecher aber überlasse ich seinem eigenen Gewissenswurm. Er hat versprochen uns zu vertheidigen; versichert, daß wann der Assertionen-Auszug falsch wäre, wir alle unschuldig sollten erkennt werden; so hätte er dann ganz unpaßionirt alle Lehrsäz einsehen und untersuchen sollen; er hat aber weder sein Wort gehalten, noch die Pflichten seines Amts in diesem Stuck befolgt; was soll ich von ihm denken? Er will zwar durchgehends von der strengen Morale zu seyn scheinen, indem er alle gelinde Casuisten auf einen Tag miteinander verdammt; allein in diesem seinem Betragen zeigt er es nicht; dann auch der gelindeste Moralist wäre nicht im Stand solches von einer Ungerechtigkeit oder Falschheit zu entschuldigen.

Ich erinnere mich, daß ich noch von einigen den Gerichtshöfen beygemessenen Schriften zu reden, zugleich aber mich in den Schranken des den Parlamentern schuldigen Respects jederzeit zu halten versprochen habe; beydes will ich noch befolgen, ehe ich schliesse. Den Anfang mache ich mit einem unter dem Nam eines Conseil Souverain erschienenen Artic.

"Das Parlament von Rouen hat unser Institut in die Länge und in die Breite so vielmal als eingottlöses Institut schon herunter transchirt; daß wir sowohl diesen als noch andere von dem königlichen Rath von Perpignan beygefügte noch viel härtere Ausdrücke dermalen ganz gleichgiltig ohne Gall anzuhören gleichsam schon gewohnt sind. Es stehet eben so wenig bey uns dergleichen unsern Constitutionen beygelegte Qualificationen zu verhindern, als wenig es bey einem weltlichen Gericht stehet, sie pur allein durch sein Sagen wahr zu machen." Dieser letztere Gerichtshof hat sich einfallen lassen seinen Eifer gegen die Jesuiten höher zu treiben, als je eines der fürnehmsten Parlamenter gethan; ohne zu bedenken, daß er doch unter allen schier der letzte seye. Ich nehme es ihm aber nicht so übel; dann je weiter er von dem Ort, wo sein Streit aufgesetzt worden, entfernt ferne ware, um so leichter hat er können betrogen werden. Nur hätte er nach der ihm beywohnenden Authoritdt der restrictionum mentalium, welche er aus dem von den Jesuiten abzulegenden Eyd in allem Ernst will ausgeschlossen wissen, darinn keine Meldung thun sollen; dann ich will nicht glauben, daß er dergleichen restrictiones als lauter kännliche den Jesuiten auf der Stirn geschriebene Ding ansehen will; dann sonst hätten wir uns billig zu beklagen, daß wir uns durch Leut sollten beurtheilt sehen, welche nicht einmal wissen, daß die restrictiones mentales und zweydeutige Redensarten kein Gegenstand äusserlicher Sinnen, sondern ein Werk der Gedanken seye. Dieser große Rath einer sehr kleinen Gerichtbarkeit hätte wahrhaftig zu seinem Ruhm viel besser gethan, wann er seinen Befehl vom 12 Junii 1762, worinn er den Jesuiten [„ sich „ durch einen in der Meynung aufrichtigen, und ohne heimlichen Vor- „ behalt im Sinn, ohne zweydeutige Redensart offenherzigen Eyd zu „ rechtfertigen anbefohlen "], hinweggelassen hätte.

Noch eine Anmerkung verdient jener witzige Concipist, der das gerichtliche Ansuchen allda aufgesetzt; seine Werk sind zwar alle auf den nämlichen Schlag, doch hat er sich sonderbar etwas stärker auf über zwey Puncten, wovon einer augenscheinlich falsch, der andere nicht viel besser ist. Den P. Malagrida giebt er erstlich für einen Menschen aus, der in der Zusammenschwörung von Portugall mit wäre verwickelt gewesen. Ich sage aber, daß diese Zusammenschwörung eben so klar wie der Tag nicht seye. Ein Engeländer, so eben dazumal in Lisabon ware, da dem Getreuesten König der angebliche Zufall soll begegnet seyn, schreibt ganz freymüthig, daß dieser König von einem über seine untreue Frau eifersüchtigen Ehemann nichts als eine grobe Beschimpfung empfangen habe. Dieses ist freylich allzeit genug, auch mehr als zuviel zu einer Todesstraf; allein es ist doch nicht genug diese an sich recht strafmäßige That mit dem Nam einer Zusammenschwörung zu belegen; zu einer Conspiration gehören nothwendiger Weiß Mitschuldige; eine Beschimpfung hat dergleichen nicht nöthig. Ein großes Glück ist es, daß noch kein Casuist von der Societdt diese Frag behandelt hat; es wäre auch sehr unschicklich gewesen, wann er dergleichen Satz hätte behaupten wollen. Ware aber, wie der Engeländer sagt, in Portugall keine Zusammenschwörung, wie konnte dann P. Malagrida von den Zusammengeschwornen seyn? Ich übergehe dergleichen Sachen wie nicht weniger die Träume jener, welche mit Gewalt gewollt, der König von Portugall solle einen Flintenschuß bekommen haben, wovon doch niemand eine Wunden jemal gesehen, die Zeitungen auch anfangs ganz verschiedentlich und artig gesprochen haben. Meine Meynung ist

ist nur allein den guten Namen des P. Malagrida zu retten. Falsch ist es, daß er verdammt worden deswegen, weilen er soll gerathen haben, daß man dem König nach dem Leben stellen könne; die Inquisition, wie bekannt, hat ihn nur allein nur wegen seinen Schriften verurtheilt; und Engeländische Brief melden sehr deutlich, [„ daß er wäre verbrennt worden, „ weilen er seine Träum erzehlt hat "]. Und da die Feind der Jesuiten selbst bemerkt, daß dieses Gericht den Malagrida von allem Verdacht einiger Conspiration entladet, wie ist möglich, daß ein unpassionirt seyn sollender königlicher Rath nicht soll gemerkt haben, was auch die verbitterste Protestanten gesehen? Sehr unrecht hat er also gehandelt, daß er aus einem angedichteten Laster den Grundstein zu unserer Verbannung hat legen wollen.

Zweytens redet dieser Concipist in seinem Aufsatz ganz frech von der eben so wenig gegründeten Pulver-Conspiration. Vielleicht weiß er nicht, (wie dann von der Tems bis an das Ufer der Garonne, und von der Universität zu Oxfort bis auf die Academie des Jeux Floraux ein zimlich weiter Strich ist), daß viele vernünftige Engländer diese Zusammenschwörung als eine von dem Staatsminister Cecil ausgebreitete Erfindung angesehen, damit er nur mit größerm Schein die Catholische zu unterdrucken Ursach hätte. Gesetzt aber auch, sie wäre eben so wahrscheinlich, als falsch sie von den Criticis geachtet ist; aus was für einem Grund will unser nasenweise Stubenhocker erproben, daß die Jesuiten in diesem abscheulichen Complott mit eingetretten? Vielleicht deswegen, weilen sie mit andern zum Tod verdammt worden? allein die Straf ist nicht allzeit ein unfehlbares Zeichen einer Schuld; die Richter wissen selbst wohl, daß man kann betrogen werden, und kein Richterstuhl ist, der nicht dergleichen Betrug zu bereuen Ursach habe. Nichts ist gefährlicher als in dieser Materi etwas bejahen wollen. Hätte unser Generalprocurator kurz nach dem durch die Betrügereyen Titi Oates erzwungenen und an den Jesuiten vollzognen Urtheil geschrieben; hätte er gewußt, daß ein catholischer Bischof kürzlich A. 1742 in London mit der Lebensgeschicht der heldenmüthigen Glaubens-Bekennern in England das Lob der Jesuiten Garnet und Oldcorne, welche als seyn sollende Pulver-Conspiranten hingerichtet worden, habe drucken lassen; wurde er sicherlich sich geschämt, vielleicht auch besonnen haben, so leichterdings, was Thuanus und andere dießfalls aufgebracht, als wahrhaft aufnehmen; wenigstens hätte er etwas milder diese Materi abhandlen, [...] Catesby verfluchen, und von den Jesuiten [...] Mäßigung reden können. Jedermann auch seine Freund verwundert sich über seine Requisitionen, welche heftiger als immer des Cleveland

land Informationen gewesen; man kann nicht faffen, wie er aus einem ...tigen Democrito auf einmal ein biſſiger Cynicus geworden ſeye.

Was das Parlament von Bordeaux zu ſeinen Entſchlieſſungen bewogen, ſollte man meynen, müſſe etwas ſehr wichtiges geweſen ſeyn, indem es mit weniger Formalitäten als alle andere Gerichtshöf ſein Urtheil geſchnellt hat. Indeſſen hat es doch nicht mehrere noch beſſere Bewegungsgründe als andere dazu angeführt; deren Beantwortung, weilen in den Schutzreden der Jeſuiten ſich ſchon befindet, ich hier unnöthig achte.

Aus nämlicher Urſach könnte ich auch ungeahndet laſſen den Arret des Parlaments von Rouen; wann nicht ein beſonders Verſehen des Subſtituts einige Anmerkung verdiente. Dem guten Mann hat die Menge der Sachen, die er zu Ausſtaffirung ſeines an Stoff und Kunſt ſonſt rumpen Compte rendu durchleſen muſſte, den Kopf ſo verwirrt, daß er mit nicht geringem Nachtheil ſeiner groſſen Reputation ſich auf die dumme Art vergangen. Ein loſer Vogel hat ihm in dem Inſtitut com. II, pag. 233 unter dem Titul: propoſitiones aliquot, quæ in ſcholis Societatis non ſunt docendæ, dieſen Satz gewieſen: leges humanæ, etiam eccleſiæ, non habent vim obligandi ſub peccato mortali, die menſchliche, auch die Kirchengeſätz können nicht unter einer ſchweren Sünd verbinden. Der gute Mann über ſolchen Fund ganz auſſer ſich entzuckt, ohne weiter auf den Titul zu ſehen, welcher dergleichen Lehrſatz verbietet, iſt in vollem Eifer auf; [„wie! kann wohl die Religion beſtehen mit einem ſo verwegnen Verſprechen einer Regel zu folgen, welche als wahrſcheinlich ausgiebt, daß keine Menſchengeſätz, nicht einmal die Geſätz der Kirchen unter einer Todsünd jemand verbinden könnten"]? Wahrhaftig dunkler kann man nichts ſehen! allein iſt es nicht zugleich auch recht erbarmenswürdig, ſich gerichtet und verurtheilt zu ſehen von Leuten, welche nicht einmal zwiſchen dem, was die Conſtitutionen gutheiſſen, und was ſie verdammen, unterſcheiden können? Hätten wir nicht billige Urſach in unſern Litaneyen aufs neu wieder zu betten jenes libera nos Domine, welches die Kirch zur Zeit des Einfall der Nordmänner darein geſetzt? Der Biſchof von Puy hat nicht unrecht, wann er über ſo dumme Streich lacht; die nämliche Hand hat ſein Schreiben verfolgt, aber eben deswegen in ... gebracht; wie man dann mehrmal groſſe und angeſehene ... vergöttert, nachdem man ihre Bildniß durchs Feuer zu ... hatte. Ich will den Herrn Charles nicht weiter treiben, ... Forcht, er möchte davon lauffen und unſichtbar werden, gleichwie er ... verlauten laſſen, da er die [„Appellation an die Vernunft"] ...

stenmal ansichtig worden. Ich will ihm vielmehr Glück wünschen wegen dem Eifer, den er bezeugt ein Thema von dem Feur, und den, der es dictirt, von der Verbannung zu erhalten. In der That kann man wohl sagen, daß zwischen Leuten und den Thieren kein großer Unterschied sey; und wären die Vers des P. Mamachi heutiges Tags zum Vorschein gekommen, so sollte man so scharf gegen den Schullehrer nicht verfahren seyn.

Da ich die Gerichtshöf in Gedanken durchgehe, kann ich unmöglich des Generalprocurators zu Metz eingegebene Schrift unbemerkt lassen; er meldet: daß die Jesuiten alle Jahr den fünften Theil ihrer Einkünften nach Rom schickten. Die Jesuiten zu Metz müssen ungemein reich seyn, daß dieser Herr ab dem blossen Anblick ihrer Schätz ganz vergeistert die wahre Bedeutung des Worts Quindennia nicht habe einsehn können. Da nun ein königlicher Rath alles, wann es anderst möglich, wissen muß, so glaub ich ihm ein Dienst zu leisten, wenn ich ihn wegen diesem Wort belehre. Quindennia ist ein Recht, kraft dessen alle 15 Jahr in gewisen Ländern dem Papst etwas gewisses muß bezahlt werden wegen den beneficiis Patronatus ecclesiastici oder laici, so auf gewisen Kirchen oder Stiftungen haftet, schier eben so, was man in Frankreich l' homme vivant & mourant nennt. Diese Wort-Erklärung führt mich unvermerkt auf eine That, welche klar erweißt, daß die Jesuiten der römischen Rhentkammer nicht so zinnsbar und sclavisch unterworfen seyen, wie man meynt. A. 1704 ware in Portugall wegen solchen Quindennia ein grosser Disput; die Königinn hat ihn angefangen, und der König nachgehends fortgeführt; dazumal hielte man allda die Jesuiten noch in Ehren, und der Monarch wollte im geringsten nicht zugeben, daß sie dergleichen Quindennia entrichten sollten. Wer den weitern Verlauf dieser ganz lebhaft gewordnen Strittigkeiten nachholen will, findet selbige weitläufig abgehandelt in dem Leben Clementis XI, wie auch in Ant. Franci Synopsi Annal. Soc. JEsu in Lusitania A. 1704 &c.

Nicht ungern hätte ich auch beygebracht den schönen Requisitions-Aufsatz von Aix; er hat wenigstens in der Welt schon Lärmen genug gemacht den Fürwitz eines Publici aufmerksam zu machen; allein der basige Generalprocurator muß allem Vermuthen nach mit dessen Ausarbeitung noch beschäftiget seyn, wir werden ihn vielleicht von allem, was der allgemeine Ruf ihm zumuthen will, gesdub er zu sehen bekommen. Der Verfasser ist zu gescheid, als daß er sie im Nothfall nicht umgiessen sollte: er wird die von seinem ehrwürdigen Mitbruder ihm gemachte Vorwürf auch sich wissen zu Nutzen zu machen, und nur den blossen Nam eines
schlech-

lechten Copisten, wie andere seines gleichen gethan, auf sich nicht wol-
lig n lassen. Sobald ich solchen Aufsatz werde zu Gesicht bekommen,
rde ich ebenfalls mit möglichem Respect meine Gedanken darüber er-
öffnen.

Hiemit glaube ich in Ansehen der Schriften, welche ich nach Pflicht
respectiren schuldig bin, mein Versprechen erfüllt zu haben. Laßt uns
ends eine andere Scharteck, welche so große Achtung nicht verdient,
ich untersuchen; sie ist von einem Thomisten, der Nam ist mir nicht bekannt, doch wann ich ihn auch wüßte, so erfodert die christliche Lieb ihn
verschweigen, er will seinen Lehrmeister den H. Thomam rechtfertigen.
die Absicht ist löblich, die Rettungsmittel aber taugen von der Sonnen
nicht nichts. Mit schulfuchserischen Subtilitäten überredet men heutiges
tags die Leut sobald nicht mehr. Der englische Lehrer spricht von dem ober-
herrschaftlichen Gewalt der Königen 2 2, q. 10, a. 10 also: [„Die Herrschaft und obrigkeitliche Gewalt sind durch das göttliche Recht eingeführt worden; das göttliche Recht aber, welches aus Gnaden ist,
hebt deswegen das natürliche Recht, welches auf natürliche Ursachen
gegründet ist, nicht auf; deswegen wann man den Unterschied der
Gläubigen und Ungläubigen an sich betrachtet, so hebt solcher die Herrschaft und obrigkeitlichen Gewalt der Ungläubigen über die Gläubige
gar nicht auf; doch kann mit allem Recht durch ein Urtheil oder Anord-
nung der Kirch, welche die Stell GOttes auf Erden vertritt, solches
ihr Recht der Herrschaft und obrigkeitlichen Gewalts aufgehoben werden, weilen die Ungläubige wegen ihrem Unglaub billig verdienen, solchen Gewalts über die Gläubige, welche zu Kinder GOttes geworden, beraubt zu werden "]. Ich verehre die Heiligkeit des englischen
Lehrers, ich respectire seine erleichtete Gelehrtheit; allein die Zeiten, wo
er gelebt, und die Irrthümer, welche dazumal im Schwang gewesen,
sind billig zu bedauren. Indessen zeigt sich durch diesen Text und dessen
Folgerungsart ganz klar, daß im Fall keine Aergerniß zu besorgen, die
Kirch, welche die Stell GOttes auf Erden vertritt, mit allem Recht
den Ungläubigen das Recht obrigkeitlichen Gewalts benemmen könne,
als welche durch den Unglaub solchen verlieren.

Diese seine Lehr veroffenbaret sich noch mehr 2 2, q. 12, a. 2, wo
er untersucht: [„ob ein Fürst wegen seinem Abfall vom Glauben die
Oberherrschaft über seine Unterthanen dergestalt verliere, daß sie ihm
nicht mehr zu gehorsamen schuldig wären "]. Wo er nach Gregorio
VII also schließt: [„sobald ein Fürst durch einen Sentenz als excommu-
niciert erkläret wird, eben sogleich sind seine Unterthanen von seiner

„ Bottmäßigkeit und ihrem Eyd der Treue entbunden "]. Diesen Satz weiter zu probiren, sagt er an nämlicher Stell: [„ die Untreue jenes, welcher den Glauben angenommen, kann die Kirch durch ihren Sentenz straffen; besser aber wird er nicht gestraft, als wann man seine Unterthanen des ihm schuldigen Gehorsams entlast. Dann das wäre sonst zum größten Nachtheil des Glaubens, weilen, wie schon gemeldet, ein abtrünniger Mensch aus boshaftem Gemüth nichts als Uebels zu stiften und Zwytracht zu erregen sucht, aus der Absicht, damit er die Menschen vom Glauben abwendig machen möchte "].

Umsonst nimmt man hier seine Zuflucht zu thomistischen Distinctionen; der englische Lehrer scheint sie vorgesehen zu haben, um also selbigen vorzubauen, macht er sich selbst folgenden Einwurf: [„ es scheint, daß ein Fürst wegen dem Abfall vom Glauben nicht eben auch die Oberherrschaft über seine Unterthanen verliere, indem sie ihm zu gehorsamen verbunden bleiben; dann der H. Ambrosius sagt, daß Julianus obschon ein abtrünniger Kaiser dannoch christliche Soldaten in seiner Armee hatte, welchen er sagen konnte: stellt euch in Schlachtordnung zum Schutz der Republick, und sie gehorsamten ihm. Folglich sind die Unterthanen wegen dem Abfall ihres Fürsten deswegen noch nicht von ihrem Gehorsam entbunden "]. Ibidem. Auf diesen Einwurf giebt der englische Lehrer diese Antwort: [„ Zu jener Zeit, da die christliche Kirch in ihrem ersten Anfang noch ware, auch den Gewalt noch nicht hatte die weltliche Fürsten in Zaum zu halten, hat sie geduldet, daß die Christen Juliano dem Abtrinnigen gehorsamten in dem, was dem Glauben nicht zuwider ware, um größere Glaubensgefahr zu verhüten "]. Nach allem diesem frag ich nun, ob man ein ganzer Thomist oder etwas darüber seyn müsse, wann man aus diesen Worten erzwingen will, daß der H. Thomas, wie der Unbekannte in seinem Memoire justificatif des sentimens de S. Thomas pag. 6 will, sagen soll: [„ die Kirch hätte den Gewalt nicht die Fürsten zu zwingen, weilen sie selbst bekennt, daß sie in ihrem ersten Anfang solchen noch nicht gehabt habe "]. Unser zankerische Thomist hätte wenigstens das Wörtlein noch, welches ihm den Hals bricht, vertuschen sollen. Dann durch dieses Wörtlein noch giebt der H. Thomas zu verstehen, daß die Kirch von selbiger Zeit her solchen Gewalt bekommen habe.

Nicht allein die Logick dieses Unbekannten, sondern auch seine Latinität macht Nebensprüng; ich will aber mit solcher grammaticalischen Federfechterey dem geneigten Leser hier gar nicht beschwerlich fallen. Nur dieses will ich noch angemerkt haben, daß seit dem man das Latein zu über-

überſetzen angefangen, niemand noch dieſe Wort niſi forte durch die
Wort mit Erlaubniß zu verdollmetſchen eingefallen ſeye. Der die nä-
here Nachricht davon verlangt, beliebe den Text ſelbſt zu leſen 2. ſent.,
diſt. 44, q. 2, a. 4. Nimmt man nun die bisher angeführte Stellen
zuſammen, ſo muß man entweder lachen, oder die Achſel zucken, da
man ſieht, daß ein Pater Magiſter totus teres atque rotundus folgern
will, [„ daß nach dem H. Thomas der Gewalt, den die Kirch hat die Für-
„ ſten im Zwang zu halten, ihr nur von den Menſchen gegeben wor-
„ den, in ſo weit ſie ihr die weltliche Oberherrſchaft aufgetragen haben "].
Pag. 20. Wer mit dergleichen Subtilitäten der Welt einen blinden Ne-
bel machen zu können glaubt, muß gewaltig von ſeinen alten Schulfuch-
ſereyen benebelt ſeyn. Einen böſen Handel mit dergleichen ſchlechten Ret-
tungsmitteln rechtfertigen wollen, heißt ihn ganz und gar verderben. Vielleicht aber hat er den H. Thomam beſſer gerechtfertiget in Anſehen der
Treue, welche die Unterthanen ihrem Landsherrn ſchuldig ſind. Laßt
ſehen!

Einen rechten Begrif von der eigentlichen Lehr des H. Thomä in dieſem Punct zu haben, muß man den Titul ſeiner Frag, den dagegen gemachten Einwurf, und ſeine darauf gegebene Antwort einſehen. Die
Frag iſt 2 ſent., q. 44, a. 2, [„ ob die Chriſten weltlicher Obrigkeit,
„ und ſonderbar Tyrannen zu gehorſamen verbunden ſeyen"]. Der
Einwurf ſagt: [„ niemand iſt ſchuldig jenem zu gehorſamen, den er
„ mit Recht und auch mit Ruhm umbringen kann; nun aber entledi-
„ get Cicero von aller Schuld jene, welche Cæſarem obſchon einen ver-
„ trauten Freund ermordet haben, weilen er als ein Tyrann des Reichs
„ ſich ermächtiget: ſo iſt man dann nicht ſchuldig ſolchen zu gehorſamen"].
Dieſen Einwurf beantwortet der H. Thomas alſo: [„ Cicero redet von
„ dem Fall, da einer mit Gewalt ſich der Oberherrſchaft ermächtiget ge-
„ gen den Willen der Unterthanen, oder da er ſie zur Einwilligung ge-
„ zwungen, und im Fall man zu keinem höhern, der den gewaltthäti-
„ gen Beſitzer richten könne, ſeine Zuflucht nehmen kann; dann wer als-
„ dann das Vaterland zu retten einen Tyrannen umbringt, handelt löb-
„ lich und verdient einen Lohn"]. Ich verehre den H. Thomam, wie
ich ſchon gemeldet, als einen Heiligen; indeſſen bleibt doch ſicher, daß
er nicht viel beſſer als Cicero dießfalls denke; dieſe republicaniſche Morale muß ihm ziemlich ſeyn angelegen geweſen, indem er noch an einem andern Ort 2 2, q. 42, a. 2 ſich ebenfalls geäuſſert: [„ daß ein tyranni-
„ ſches Regiment nicht gerecht ſeye, weilen es nicht zum allgemeinen Be-
„ ſten, ſondern nur zum Privatnutzen des Regierenden abzielt, wie

„ der Philosophus in 3 Polit. und in 8 Ethic. sagt: deswegen auch die
„ Zerstörung solchen Regiments den Nam einer Aufruhr nicht verdient;
„ es werde kaum Such, daß solche Beherrschung des Tyrannen mit sol-
„ cher Unordnung müßte zernicht werden, daß die Unterthanen mehr
„ Schaden aus solcher Zernichtung als des Tyrannen Beherrschung selbst
„ zu befahren hätten "]. Offenbar ist es, daß dergleichen Lehrsätze die
Regierung eines Tyrannen umstossen, vortheilhafte Aufruhren berechtigen, und nur die gefährliche Empörungen verbieten. Zu bewundern ist,
daß der englische Lehrer so stark den Cicero und Aristoteles zu Rath gezogen; hätte er sich an der Authorität der Kirch allein gehalten, so hätte
er seinen Jüngern manchen Irrthum erspahret. Ich ver ehre höchstens den
H. Thomam als einen erleichteten Kirchenlehrer; allein wegen jetzt ange-
regtem seinem Lehrpuncten, welche ich als unrecht verabscheue, muß ich
sagen: magis amica veritas.

Dieser so große Lehrer bahnt auch nicht undeutlich gleichsam staffel-
weiß den Weg zum Königsmord. Aus jenem seinem anarchischen Grundsatz 2 2, q. 69, a. 4, daß man den bösen Fürsten eben sowohl als den
Mördern in gleichem Fall sich widersetzen könne; sicut licet resistere la-
tronibus, ita licet resistere in tali casu malis principibus, (welchem
weder ein Franzos noch ein anderer Catholische beypflichten wird), fließt jene seine Lehr de Principe c. 6: [„ wann ein Volk das Recht hat sich einen
„ König zu benennen, so kann es auch mit allem Recht ihn wieder abse-
„ tzen, oder seinen Gewalt enger einschränken, im Fall er seinen königli-
„ chen Gewalt mißbrauchen sollte; und muß man ja nicht glauben, daß
„ ein solches Volk gegen seine Treue handle, wann es dergleichen Tyran-
„ nen aus dem Weg raumet sollte es sich zuvor auch auf ewig ihm unter-
„ worfen haben; dann ein Regent, der nicht treulich, wie das Amt ei-
„ nes Königs erfodert, in seiner Regierung sich aufführt, verdient eben-
„ falls, daß die Unterthanen, was sie ihm versprechen, nicht halten.
„ Auf solche Art haben die Römer den von ihnen zum König aufgewor-
„ fenen Tarquinium Superbum wegen seiner und seiner Kinder tyranni-
„ schen Manieren des Reichs entsetzt, und die bürgerliche Regierungsart
„ wieder eingeführt; also ist ebenfalls Domitianus, welcher den sanft-
„ müthigsten Kaisern Vespasiano seinem Vater und Tito seinem Bruder
„ im Reich nachgefolget, wegen seiner Tyranney vom römischen Rath
„ umgebracht, und alle seine gemachte Verordnungen durch einen Rath-
„ schluß umgestossen worden "]. Die abentheurliche Folgen, welche man
aus solchen Grundsätzen ableiten könnte, gehen zu weit, und verdienen
billig von aller Welt verflucht zu werden. Und dieses kann einzweilen genug

ug seyn für einen Verfasser, der, wie man sieht, viel besser gethan hätte, wann er wäre zu Hauß geblieben, und diese Frag niemal berühret hätte.

Er wird sich zwar nach all diesem deswegen noch nicht gefangen geben; dann die Schulfuchserey hat eben ihre verborgene Ausweg, wie die Gerichtshöf ihre Advocatenstreich. Ich setze ihm also zum Ueberfluß noch dieses dilemma: entweder hat der englische Lehrer die Mordlehr behauptet, wie ich bereits erwiesen; oder aber Bannez, Martinez de Prado, Sylvester de Prieras ꝛc., welche, wie der unbekannte Thomist nicht läugnen kan, solche Lehr öffentlich vertheidiget, sind meineretige Lehrjünger des H. Thomä, und haben das Fundamental-Gesatz ihres Ordens, kraft dessen alle Dominicaner die Lehr des H. Thomä nicht nur nach ihrem Innhalt, sondern dem Buchstaben nach vorzulesen, auszulegen, und zu vertheidigen schuldig sind, verletzlicher Weiß übertretten. Entweder muß dann unser Verfasser alle diese Patres Magistros aus seinem Catalogo auslöschen, oder leyden, daß man den englischen Lehrer als ihren dießfälligen Anführer erkenne. Ich schliesse diesen ohnehin schon zu langen Beweiß durch eine That, welche als ein starke Prob dienen kann, wie sehr sie auf die Lehr des H. Thomä, sie mag Namen haben, wie sie will, verpicht seyen. Einer ihrer eifrigsten Thomisten liesse sich auf öffentlicher Kanzel vernehmen, [„daß er für jedes, ja das geringste Wort des H. Thomä sein Blut zu vergiessen bereit wäre"]. Cosmas Philiarc. 2 p. imm. l. 4, c. 22. Wahrhaftig dieser Eiferer muß viel Blut zu verlieren gehabt haben, oder ware vielmehr einer guten Aderlaß benöthiget.

Ich meyne dermalen mein Versprechen erfüllt zu haben; ich überlasse nun der gesunden Vernunft zu entscheiden, ob ich es auch mit Nutzen gethan; diese und die Billigkeitsliebe sollen meine Bewegungsgründe der ehrbaren Welt vorlegen, und den Ausschlag darüber geben; vernünftigen Menschen können dergleichen Richter unmöglich mißfallen.

Beschluß.

Ich seines Stands entsetzt sehen, fallt allzeit hart; nichts aber ist einem ehrliebenden Gemüth empfindlicher, als dessen sich entsetzt sehen durch Mittel, deren sich jene, so ihn dazu angewendet, selbst schämen, auch sich nicht getrauen einzugestehen. So ist beschaffen der Zund der Jesuiten, so das Betragen ihrer Feinden; eines wie das andere zu erweisen, darf man nur ansehen die übermäßige Sorgfalt, mit wel-

welcher sich unsere Feind bewerben tausenderley Vorwände und unstatthafte Angelegenheiten auf eine recht affectirte Weiß und Manier vorzuspieglen. Ich sage nichts; frage man nur unsern Gegner, ob er wohl selbst in seinem Gewissen alles glaube, was seine Einbildung dießfalls ihm vorgemahlt; ob er glaube, daß drey und zwanzig tausend Menschen, weilen sie einen schwarzen Rock ohne Knöpf tragen, darum eben zu lauter Phantasten geworden seyen; ob er glaube, daß ein geistlicher Despotismus, ein in Lehr und Gesinnungen vollkommene Einhälligkeit, ein ohne alle Rucksicht auf natürliche Pflichten ganz und gar blinder Gehorsam möglich seye? Ob er glaube, daß ein gedenkendes Wesen seinen Gedanken befehlen, ein freyes die Sclaverey lieben, ein vernünftiges durch bezaubrende Kraft menschlich zu denken aufhören, alle, auch seine eigene Person interessirende Gesinnungen ablegen könne, um sich mit fremden Handlungen zu beschäftigen, welche Schimpf und Spott zum Lohn, und zum Endzweck einen schändlichen Tod hätten.

Dergleichen Zumuthungen sind in der That recht abgeschmackt und unvernünftig; indessen haben doch alle auf die Unterdruckung der Societät in Frankreich abzielende Ursachen keinen andern Grund. Freylich sind es keine Ursachen, welche bey Verständigen genugsamen Eindruck hätten machen können; allein man hat sie durch eine geschwülstige Beredsamkeit und betrügerische Wortmacherey so verkünstelt und erhoben, daß man sie wirklich glauben sollte. Ein neumodischer Philosoph oder Freygeist hat auf einmal sich zum Apostel, und ein angeblicher Rechtsgelehrte sich zum Schulen-Director aufgeworfen. Er hat alle zu verführen gesucht; die christliche Herzen, denen er die Societät als einen dem Evangelio widrigen Ordensstand vorgemahlt; die Eheleut, denen er die Jesuiten als Verderber der Sittenlehr angegeben; die Eltern, denen er ihre Schulen als eine lasterhafte und barbarische Erziehung verdächtig gemacht; die Franzos, denen er diese Geistliche als Verächter unserer Grundsätzen eingeklagt; die Unterthanen, denen er sie als Leut vorgestellt, welche bereit wären für ausländische Mächten zu streiten, unsern Königen nach dem Leben zu streben. Durch dergleichen Großsprechereyen hat er endlich bey einigen Gemüthern einen Unwillen und Abscheuen gegen die Jesuiten erweckt; bey andern den Ueberrest eines mit den Verfolgten noch habenden Mitleydens völlig getilget. Er stellt sich an, als wollte er das Evangelium retten, und zerstreut seine Mitarbeiter; als wollte er die Sitten verbessern, und jene feste Maur, welche dero Virderben bishero abgehalten, reißt er um; als wollte er die Wissenschaften empor bringen, und verbannt ihre beste Lehrer; als wollte er dem römischen Stuhl seine Anhänger entziehen, und vermehrt sie durch alle, welche die

ihm fälschlich beygemessene Prätensionen als erdichtet erkennen; er stellt sich
an, als wollte er die Gerichtbarkeit der Bischöfen handhaben, und verachtet ihren Ehr und Ansehen; als wäre er wegen dem König und Vaterland äusserst besorgt; und macht ohne alle Ursach die ganze Nation aufrührisch. Mit einem Wort, er stellt sich an, als wollte er der Kirch und
dem Staat auf einmal aufhelfen, und sucht beyde durch seine Fallstrick und
Hinterdückereyen völlig zu Grund zu richten. Ingratus Sylla, qui patriam
urloribus remediis, quam pericula erant, sanavit. Wann noch ein
Gerichtshof in der Welt wäre, wo man gegen diesem angeblichen Parlamentisten, welcher unter dem Nam einer Personæ publicæ der allgemeinen Rach-
entgehen will, und seine ohne Nam des Buchdruckers aufgelegte Schrift
der gesatzmässigen richterlichen Erkänntniß zu entziehen sucht, seine Klag ein-
bringen könnte, wessen sollte er uns wohl beschuldigen wollen, das wir
ihm nicht hundertfach zu seiner Schand vorwerfen könnten? Er verfehlt
sich gegen die Kirch, gegen ihr sichtbares Haupt, gegen alle Bischöf, gegen
die Geistlichkeit, gegen die hohe Schul, gegen die Ordensstand, gegen die
Ausländer; er verfehlt sich gegen die Wahrheit, gute Treue und Glauben,
Gerechtigkeit, Gottesforcht, Religion und die Vernunft selbsten. Er verfehlt sich gegen die Kirch, da er ein Institut, welches sie als gottseelig erkennt, als ein phantastisches Wesen ausschreyt; gegen die Päpst, da er
sie als Urheber und Mitwirker aller der Societät angedichteten Bosheiten
ausgiebt; gegen die Bischöf, da er ihr Zeugniß als ungiltig verwirfst;
gegen ihre geistliche Gerichtbarkeit, da er ihnen die Erkänntniß über die
vier bekannte Artikel ganz frech gegen alles Recht abspricht; gegen die
Geistlichkeit, da er in ihrem Nam sich über uns beklagt zur Zeit, da sie
über unser Schicksal bedauren, uns zu helfen suchen; gegen die Sorbon,
da er alte Strittigkeiten wieder rege macht, welche sie aus Heldenmuth
schon längst abgethan; gegen alle Ordensstand, welche da sie nicht öffentlich ihre Stimmen zu unserm Schutz erheben dörfen, in Geheim täglich
uns ihre Seufzer zuschicken; gegen die Ausländer, da er wieder in einer
ganz andern Gestalt aufwärmt die alte abgenutzte Verdrüßlichkeiten, das
Institut zu verschwärzen und den Ausländern zugleich ihr eignes Unrecht
vorzuwerfen. Er verfehlt sich gegen die Wahrheit durch seine freyhafte
Anführung falscher Stellen; gegen Treue und Glauben durch seine betrügerische Citationen, gegen die Gerechtigkeit durch seine verdrehte Er-
dichtungen, gegen die Gottesforcht durch den ihr beygelegten Nam eines
Schwindelns und tollsüchtiger Phantasterey, gegen die Religion, durch
die von ihr beschöstigte aber als närrisch und wahnsüchtig von ihm ausge-
schriene Gelübde, gegen die Vernunft selbst endlich durch den Mißbrauch

(M) sei-

seiner Erkänntniß, mit welcher er die auch erleuchteste Männer zu betrügen sucht.

Was Wunder ist aber, daß seine durch die Einbildungskraft geführte Feder allen auch Verehrungs-würdigsten Gegenstand anzurauschen, keinen unbeschnarcht zu lassen sich erfrecht; da man sieht, wie verwegen er so gar bis an den Thron sich schwingt, und seinem König nicht anderst, als mit Verringerung des von der ganzen Welt ihm beygelegten Ruhms das Lob sprechen will? [„ Heut erst "], sagt dieser sogenannte Parlamentist, pag. 32 [„ hat „ die Justitz angefangen, freye und ungebundene Händ zu bekommen; ihr „ sehet die Wirkung davon, ihr sehet die Gesinnungen eines Publici, wel„ chem die Freyheit zu gedenken ertheilt worden. Ewiger Dank seye der „ der Güte des Monarchen, der uns beherrscht; er wird die Nation von „ der Sclaverey alles Fanatismi befreyen, und da er ihr eine gescheidete „ Unterrichtung vorbereitet, vollkommen erleuchten "]. Auf solchen Schlag redete Tacitus Vit. Agric., da er nach der tyrannischen Regierung Domitiani dem Kaiser Trajano das Lob sprechen wollte: Nunc demum redit animus: primo statim beatissimi sæculi ortu Nerva Cæsar res olim dissociabiles miscuit principatum ac libertatem, augetque quotidie felicitatem Imperii Nerva Trajanus. So ist dann nach Meynung unsers Parlamentssprechers von heut erst, daß die Justitz freye Händ bekommen, und 47 Jahr einer liebreichen Regierung unsers Königs sollen verstrichen seyn, ohne daß den Gerichtshöfen wäre erlaubt gewesen, einem jeden in dem, was ihm gebührt, Gerechtigkeit widerfahren zu lassen? So ist dann von heut nur, daß die Franzosen den Genuß ihrer Freyheit erhalten, und 47 Jahr mildväterlichster Regierung waren für sie eine harte Sclaverey? So ist dann von heut nur, daß die wahre Gottesforcht den GOtt unserer Väter recht zu ehren anfangt, und 47 Jahr einer Regierung, wo der König so oft den Irrthum zu ersticken seine Authorität angewendet, sollen pur allein gedient haben, ein schwermerischen Fanatismum zu schützen, zu befördern, und aufrecht zu halten? So ist dann von heut nur, daß der König, weilen er nach dem Wunsch dieses großen Gymnasiarchen antworten soll, durch gescheite Unterrichtung ganz Frankreich erst erleuchten wird; die ganze Nation recht zu denken anfangen soll; und 47 Jahr einer Regierung, unter welcher man sich in der That wegen Aufnahm hoher Wissenschaften rühmen könnte, wann man sie weniger mißbraucht hätte, sollen in den Augen der Welt den alten rohen und barbarischen Zeiten gleich seyn? Hätte man sich vorstellen können, daß ein Eiferer der Ehr seines Königs und Vaterlands, ein schlechter Copist des scharfsinnigsten Meisters den König und die Nation auf solche Art loben sollte?

Ist es wohl möglich, daß ein so schlechter Mensch die Gedächtniß jener großen Monarchen aus dem Hauß Bourbon, welche von ihren Feinden geförchtet, von der ganzen Welt höchstens bewundert worden, auf so freche Art beschimpfen darf? Er stellt sie nicht undeutlich vor als lauter Domitianos, Caligulas, und Nerones; ihre ganze Regierung muß nichts als eine gehäßige Sclaverey bishero gewesen seyn; heut erst soll die Freyheit und Gerechtigkeit angefangen haben; nunc demum redit animus!

Ist es wohl möglich, daß König Henricus der Große aus einem blinden Religionseifer die Missionarien von der Societät bis an die äusserste Gränzen Orients mit größten Unkösten nur deswegen soll geschickt haben, damit sie auf die Trümmer des Alcorans den schwermerischen Phantastengeist aufbauen sollten? Hat die erleuchteste Regierung dieses Monarchen ein solches von einem Franzosen verdient?

Ist es wohl möglich, daß man die christliche Gottesforcht Ludovici des Gerechten so fröhlich ausdeuten will, als wann er die Glaubenslehrer zu den wilden Huronen nur deswegen abgesendt hätte, damit sie den Unglauben dieser Barbaren in eine schwermerische Phantasterey verwechslen sollten? Hat die gerechte Regierung dieses gottseligen Königs solches Angedenken von uns bedient?

Und Ludovicus der Große, der die Täg seiner Regierung mit eben so viel ruhmwürdigen Thaten verherrlichet; sein Reich durch den wahren Gottesdienst, stäte Gerechtigkeit, und schöne Wissenschaften befestiget hat; soll er wohl die Künsten und Wissenschaften geehrt, die gelehrte und kunstreiche Meister belohnt haben, nur damit er seinem Urenkel die Pflicht hinterlassen könnte, eine bessere Unterweisung seinen Unterthanen beyzubringen? Hat er wohl deswegen nur ein erleuchtes und Weißheit-volles Gesatzbuch aufgesetzt, nur damit er den Lauf der Gerechtigkeit hemmen möchte? Hat er wohl deswegen so eifrig in seinem Reich die Ketzerey auszurotten gesucht, damit er nur den Saamen eines schwermerischen Fanatismi einpflantzen, und den Erben seiner Kron und Namens in die Nothwendigkeit versetzen könnte, ganz andere Wäg, als er ihm gebahnt, einzuschlagen? Man ersucht sich wenigstens den König dazu einzuladen; man wünscht, daß er von jener rechten Straß abweiche; man meynt auch schon solchen Zeitpunct erreicht zu haben, und beneidet diesen eingebildeten Augenblick als eine Zeit, wo Frankreich seine wahre Freyheit finden, und der angebliche Schwermgeist erlöschen soll. Nunc demum redit animus. Nein großer König! wann auch deine ehrenvolle Aschen zu so frecher Verunglimpfung stillschweigen, so wird die Nation dein Angedenken noch rächen, sie wird sich zu Gemüth führen, was du zu ewigem Ruhm französischen Namens glorreiches gethan,

than, und werden deinen ruhmvollen Namen so schimpflich nicht verdunkeln lassen.

Du aber, o erleuchtete, dem menschlichen Herzen eingeprägte Vernunft! eile nicht sowohl uns als der französischen Nation zu Hilf; lehre sie recht urtheilen! zeige ihr noch einmal die Gebäude der Andacht und Gottesdienst, welche mit den Jesuiten bereits sinken sollen; stelle ihr vor die Abschaffung jener christlichen Bruderschaften, in welchen der Mann die Treue gegen sein Weib, der Sohn den Gehorsam gegen die Eltern, der Unterthann die Lieb zu seinem Landsherrn gelernt hat. Weise ihr die Kanzlen, von welchen sie die evangelische Wahrheiten und Pflichten christlichen Lebens so oft angehört, die aber in Zukunft sollen leer stehen; weise ihr jene geistliche Einöden und Exercitien-Häuser, wo der Vater der Barmhertzigkeit ihr so manchesmal zu Hertzen geredet, mit Gnaden überhäuft, die ewige Wahrheiten angelehrt, jetzt aber als phantastische Schlupfwinkel sollen verbotten werden; lege ihr vor Augen jene christliche Stiftungen, welche unsere König unter den Ungläubigen und Abgötterer errichtet, den einen das Evangelium, den andern die Erkänntniß des wahren GOtt beyzubringen, und wo diese eifrige Mißionarien durch tausenderley Gefahren und Ungemach auch unendliche Seelen GOtt und der Kirch zugeführt, welche aber in Zukunft alle zum Schaden so vieler Seelen sollen abgethan und aufgehoben bleiben. Halte ihr vor die einheimische und schier unausgesetzte Landmißionen, in welchen so manche Wiedererstattung ungerechten Guts, Versöhnung der Feinden, Eintracht unter den Hausgenossenen, Gehorsam bey den Unterthanen, Abstand von verderblichen Rechtshändeln, Abstellung böser Gewohnheiten, Eifer im Gottesdienst bewirkt worden, welche aber dermalen mit Verbannung der Seeleneiferer verfallen sollen. Zeige ihr unsere allzeit zur Andacht offen gestandene Kirchen, welche noch von dem Gebett, welches man für den König alda angestimmt, erschallen; zeige ihr unsere Altär, auf welchen wir täglich das unbefleckte Lamm dem himmlischen Vater seinen Zorn zu besänftigen, seine Wohlthaten zu verdanken aufgeopfert; zeige ihr unsere häufige Beichtstühl, in welchen wir so vielfältige Sünder GOtt und dem Himmel wieder gewonnen haben, in kurzem aber uns gänzlich sollen verbotten werden. Zeige ihr jene Kerker, welche wir so emsig zum Trost und Hilf ihrer Gefangenen besucht; jene Spitäler, in welchen wir mit Lust herumgekrochen ihren Kranken beyzustehen, ihre Sterbende zum christlichen Tod aufzumuntern; zeige ihr jene verödete Städt, wo der Würgengel ehemalen durch die Pest alles verwüstet, und die arme Pesthafte ohne alle Hilf hätten verschmachten müssen, wann nicht der liebvolle Eifer der Jesuiten dem eigenen Tod getrotzet hätte sie an Leib und Seel zu erhalten;

und

und nach allen diesen der Nation bezeigten Liebswerken sollen wir aus diesen Städten, aus diesem Reich verbannt werden. Zeige ihr endlich 160 Collegien und Seminarien, welche man schier auf einen Tag alle verstöhren will; so viele Städt, welche man wegen ihrem bisherigen Ruhm verdächtig macht; so viele Eltern, welchen man ihren Trost entziehet; so viele Kinder, die man nutzlicher Auferziehung beraubt; sage ihr sogar, daß sie nimmermehr so nutzlich wiederum die verlassene Aemter werde besetzen können. Es wird mit den Jesuiten fallen der Geschmack zu den freyen Künsten, welche sie kraft ihres Beruffs befördert; fallen die Begierd hoher Wissenschaften, welche sie aus löblicher Nacheiferung sowohl gehandhabt; fallen die Lieb zum Predigamt, welches sie aus Ordenspflicht so eifrig getrieben: fallen die Andacht, welche sie aus Seeleneifer überall so nachdrucksam unterstützt.

So öffnet euch dann ihr düstere Abgründe der Erden und verschluckt endlich die zerstückerte Trümmer der herrlichen von der Gottesforcht unserer Königen, von der Freygebigkeit unserer Ständen, von der Wissenschaftslieb unserer Landsleuten errichtete Ehrengebäude! diese ewiger Gedächtniß würdige Denkmaal unserer Voreltern erwarten alle Augenblick die Hand, so sie stürzen soll. Sie werden in ihr Nichts verfallen mit einem Orden, welcher sie zu verewigen gestiftet worden. Sie machten Frankreich Ehr; das Angedenken davon, wann es anderst bleibt, wird es entunehren. Verschluckt sie dann ihr Klüften und Berghöhlen, vergrabt sie auf ewig unter eurem Schutt; damit ja gar keine Spuhr davon mehr übrig bleibe, welche die Nachkommenschaft zum Mitleuren bewegen, und der jetzigen Welt, welche sie verstöhren laßt, einen Vorwurf veranlassen könnte.

Da wir aber allen Vorwurf ihr zu erspahren gedenken, so wäre unser Großmuth nicht vollkommen, wann wir uns selbst, als die Schlachtopfer ihrer Rach, vor ihren Augen noch länger sollten sehen lassen; nein! die Jesuiten sollen weder Zeugen ihrer Undankbarkeit, noch der Gegenwurf ihrer ewigen Beschämung bleiben; wohlan dann! gehet und packt euch fort ihr liebe alte Greisen, und fliehet eine undankbare Nation, in derer Dienst ihr euere Jahr und Kräften abgezehrt; gehet und fliehet aus dem Gesicht eurer Richter, die euch so unbarmherzig zu stürzen suchen; ihr habt sie von der Wiegen an auferzogen, in Künsten unterwiesen; sie möchten sich sonst noch ihrer alten Pflichten erinnern, und von euren Betrübniß-vollen Umständen sich rühren lassen! Gehet und packt euch fort aus dem Land alle, die ihr unter den apostolischen Mühewaltungen ergrauet und eraltet seyt: das gute Volk kann sich unmöglich daran gewöhnen, euch bettlen zu sehen.

dem ihr die Lieb und Allmosengeben so oft geprediget habt! Geht und packt euch fort, die ihr euer Leben zum Trost und Hilf der Bedürftigen, zum Unterhalt der Armen verwendet; dann ihr macht ihr Elend durch euere Armseligkeit, die sie ohne Wehemuth nicht ansehen, und doch nicht heben können, nur noch empfindlicher! Geht und packt euch fort, die ihr alle Ungemach stürmischer Witterung und rauher Lebensart heldenmüthig verachtet, nur damit ihr dem armen Landmann das Christenthum beybringen, den Weg des Heils lehren möchtet; dann sollten sie euch jetzt von Wohnung und Nahrung vertrieben in der Irr herumgehen sehen, thäte ihnen ihr Herz vor Mitleyden nur schwerer werden; weilen sie keinen Raum in ihren Hütten, kein Brod in ihrem Vermögen hätten, so sie mit euch zu theilen im Stand wären. Geht und packt euch fort, die ihr euer Leben so oft aus christlicher Liebe in die Schanz geschlagen, nur damit ihr den verlassenen mit ansteckenden Krankheiten behafteten Sterbenden möchtet beyspringen; geht, die gute Leut könnten sonst klagen, daß man euch in die Nothwendigkeit versetzt euere abgelebte von Mühseligkeiten nicht geschwind genug verzehrte Jahr so kümmerlich fortzuschleppen.

Geht und packt euch fort alle, die ihr mit guter Treue und Glauben auf euere Erbschaften verziehen, alle euere Anverwandte verlohren, dermalen weder auf die Hilf euerer Freund zehlen, noch euere väterliche Verlassenschaft zurückfodern könnt; die ihr kein Obdach euch unterzustellen, keine Lebensmittel euch zu ernähren mehr habt; geht! die französische Nation hat nicht nöthig einen so rührenden Gegenstand unverdienter Armut und Bedürftigkeit jederzeit vor Augen zu haben und sich ewig euertwegen zu schämen. Sie hat einmal zugegeben, daß man euch in solches Elend gestürzt; geht nur fort, ihr habt nichts bessers mehr von ihr zu gewarten. Wollt und sucht ihr aber ein mitleydiges Herz in euern Nöthen, warum sucht ihr es nicht vielmehr bey den benachbarten Ausländern? Sie bedauren euch, sie laden euch ein, sie strecken die Aerm aus euch verlassene Waisen zu empfangen; so geht dann und schleppt euch fort, so gut ihr könt, und die Schwachheiten eures Alters euch zulassen, zu diesem so gutherzigen so christlichen Ausländer; dann ich förchte sogar, ob unser undankbares Vaterland euren erblaßten Körpern die Erden und Begräbniß noch gestatten werde: heu fuge crudeles terras, fuge littus avarum!

Ihr aber, meine liebe Mitbrüder, die ihr noch in der Blühe euerer Jahren euch schon als verlassene Waisen müßt zerstreut sehen;

die

die ihr mit mir so oft schon mit bittern Zähern die unbarmherzige
Hand benetzet habt, welche gegen unsern Willen und Neigung unser
geistliches Band zerrissen; kommt her, und laßt uns diese grausame
Hand, welche uns mit Gewalt von unserer liebsten Gesellschaft abge-
trennt, mit Dankbarkeit noch küssen; danket ihr mit aller Erkannt-
lichkeit, nicht zwar, weilen sie euch eine Freyheit zuwegegebracht, welche ich wie ihr verfluchet, sie aber mißbrauchet; sondern weilen sie uns
durch solche Mittel zu grund gerichtet, welche unserm Orden zur Ehr,
ihrem Gerichtshof aber zur ewigen Schand gereichen werden; durch
Mittel, welche auf ewig unsere Unschuld verherrlichen, ihre Ungerechtigkeit aber werden verfluchen machen. Auf diese Art werdet ihr erfüllen, nicht was diese grausame Hand an euch verlangt, sondern
was sie von euch erwarten soll. Auf diese Art können wir Schutzschriften, welche unsere gar zu vorsichtige Obern bis dato eingehalten, ganz freymüthig aufsetzen zum Lob jener, welche unsern Federn
hiemit Luft gemacht, unser Institut ohne Beleydigung einiger Person
zu vertheidigen. Unsere beste Rechtfertigung aber wird seyn, wann
wir uns allzeit und aller Orten wie zuvor als gute Freund, gute
Burger, gute Diener GOttes, gute Unterthanen des Königs zeigen
werden. Das übrige überlasset der Zeit, diese wird unsere Unschuld
veroffenbaren, das uns angethane Unrecht rächen, unser Schicksal
einstens bedauren machen. Werft euch mit großer Zuversicht in den
Schutz und liebreichste Aerm des Vaters der Barmherzigkeit und alles Trosts; bettet in Demuth mit Ergebenheit seine Verhängniß an,
überlaßt seiner göttlichen Vorsicht die Sorg eures zeitlichen Unter-
halts; der große GOtt, der für die Vögel des Lufts sorget, wird
euch und mich als seine Geschöpf und Kinder noch verpflegen, uns
noch zu ernähren wissen.

Ich! werde also zu unserer Vertheidigung nichts mehr sagen.
Der himmlische Vater wird in Zukunft uns anstatt der Eltern,
Freund, Patronen, und alles seyn; dann was soll ich weiter melden, da man uns alle Rettungsmittel entziehet? Das Völkerrecht
muß in Ansehen der Jesuiten allein nichts mehr gelten; die allgemeine Gesätz haben zu Vertheidigung der Societät den Befehl zu schweigen; die natürliche Menschenlieb sogar darf sich zu unserm Schutz
unter Bedrohung Feur und Schwerd nicht hören lassen; was soll
ich dann sagen? Soll ich als eine Gnad begehren, was wir als
eine

eine Gerechtigkeit zu fordern befugt sind, die man uns überall versagt?

Ich überlasse also die ganze Sach pur allein der Sorg gesunder Vernunft, an welche ich appellirt hab; sie überzeugt unsere Richter, daß sie genugsam wegen unserm Handel, wann sie es nicht zuvor schon gewesen, unterrichtet seyen; daß sie genugsam, wann sie anderst nicht freywillig wollen blind seyn, wegen allen Umständen beheiliget seyen, daß sie auch mächtig genug sich befinden einer gegen uns formirten Parthey sich zu widersetzen, sie zu zerstreuen; sie wird ihnen ohne alle Scheu zuruffen, was Cicero dem römischen Rath ehemal zugesprochen: Vos oro, obtestorque, Judices, ut in sententiis ferendis, quidquid sentietis, id audeatis. Ich bitte und beschwöre euch, ihr Richter, daß ihr im Urtheilfellen also sprechet, wie ihr innerlich überzeugt seyd.

E N D E.